시사일반상식

국사 · 세계사
국문학 · 세계문학

시사정보연구원 편

시사일반상식

시사정보연구원 편

일반기업체 공사 언론사 교양상식
완전정복을 위한 최종점검

국　사
세계사
국문학
세계문학

연암사

시사일반상식

개정 3판 인쇄   2010년 10월 10일
개정 3판 발행   2010년 10월 15일

편자   시사정보연구원
발행인   권윤삼
발행처   도서출판 연암사

등록번호   제10-2339호
주소   서울시 마포구 망원동 472-19호
우편번호   121-826
전화   02-3142-7594
팩스   02-3142-9784

값 4,000원

ISBN 89-86938-49-9 13030

연암사의 책은 독자가 만듭니다.
독자 여러분들의 소중한 의견을 기다립니다.

취업을 준비하고 있는 모든 수험생에게 있어 입사시험은 무엇보다 전략적인 핵심정보 습득이 중요합니다. 면접시험만으로 신입 사원을 선발하는 회사도 있으나 다수는 필기시험을 거치고 있습니다. 주로 전공과 일반상식으로 치러지는 시험은 교과과정에 충실하면 그다지 힘들지는 않습니다.

그러나 일반상식은 그 범위가 방대하기 때문에 자칫 소홀히 대하면 낭패를 보기 쉽습니다. 특히 인재채용의 변화에 발맞추기 위해서는 직무에 관련된 풍부한 지식과 기술을 가진 '준비된 인재', '핵심 인재' 가 그 무엇보다 요구된다고 할 수 있습니다.

'상식' 의 의미도 이제까지 단순히 총체적이고 일반적인 지식을 '일반상식' 으로 말해왔지만, 이제는 현재의 시대상을 읽는 핵심 코드로서 그 중요도가 높아져 가고 있습니다.

이 책은 방대한 분량에 주저하기 쉬운 상식공부를 주제나 분야별로 나누어 쉽고 빠르며 편리하게 만들었습니다. 뿐만 아니라 필요한 부분별로 구입이 가능하도록 배려했기 때문에 일반상식을 습득하려는 여러분에게 최고의 지침서가 될 것임을 확신합니다.

연암사 시사정보연구원

1 국 사

● 한민족(韓民族)의 기원

동아시아, 그 중에서도 특히 동방문화권을 성립시키면서 농경생활을 바탕으로 독특한 문화를 이룩한 우리 민족은 인종학상 황인종에 속하는 통구스족(Tungus 族)의 한 갈래이고, 언어학상 알타이어계(Altai語系)에 속한다. 우리나라에 사람이 살기 시작한 것은 구석기시대부터이며, 신석기시대에서 청동기시대를 거치는 과정에서 우리 한민족의 기틀이 이루어졌다. 최남선은 한민족의 문화에 대해 백두산이 중심이 되고 한족(韓族)을 근간으로 하여 형성된 고대문화를 불함문화(不咸文化)라고 주장한다. 이 불함문화권은 한민족 외에 만주족·일본족까지 포함한다.

■■■▶ 선사시대 문화권 : 1. 한족문화권 – 황하 유역　　　　　2. 북방문화권 – 몽고 지역
　　　　　　　　　 3. 동방문화권 – 화이허~한반도　　　　4. 화남문화권 – 양쯔강 이남

● 공주 석장리(石壯里)

유적 전기 구석기에서 후기 구석기까지 계속된 유적인데, 웅기 굴포리와 함께 후기 구석기시대의 유물이 많이 출토되었다.

■■■▶ 주먹도끼문화와 찍개문화 : 구석기문화는 인도의 서쪽(인도·유럽·아프리카·중동)에서 발달한 주먹도끼문화와 동쪽(동남아·동북아시아)에서 발달한 찍개문화로 대별된다.

● 구석기 유적의 발굴

유　적	발　굴　지	특　징
석 장 리	공 　 주	전~후기 구석기, 주먹토기
굴 포 리	웅 　 기	후기 구석기(3만 년 전)
검 은 모 루	상 　 원	전기 구석기(50만 년 전)
점 말 동 굴	제원 (제천)	중기 구석기, 코뿔소뼈
전 곡 리	연 천 군	30만 년 전, 주먹 토기

● 빌레못 동굴(洞窟)

제주도 북제주군 애월면 어음리의 용암동굴로 1973년에 발견되었다. 이

 Q 반 알렌 대(Van Allen 帶)란?

동굴은 구조나 형태면에서 매우 중요하며, 이러한 점 외에 선사시대의 혈거유적으로서 석기·목탄류·순록·황곰 등의 동물화석이 발견되어 구석기시대 유적으로서 그 중요성을 널리 인정받고 있다.

▐▶ 구석기인들은 불과 타제석기를 썼으며, 채취와 수렵·어로생활을 하면서 동굴에서 살았다. 협동의 필요에서 언어가 발달하고 무리사회를 이루었다.

◉ 원시무늬없는 토기(원시무문토기 ; 原始無文土器)

한반도에 처음 등장한 토기로 약 6천 년 전에 사용되었다. 그릇이 작고 밑이 도토리 모양으로 둥글게 되어 있는데, 부산 동삼동, 웅기, 만포진 등지에서 출토되었다.

▐▶ 우리나라에서 토기가 사용된 것은 신석기시대부터이며 정착 생활을 시작해 농사를 짓고 온돌을 사용한 것도 신석기시대부터이다.

◉ 덧띠무늬토기(융기문토기 ; 隆起文土器)

그릇 표면에 흙을 칠한 주발모양의 밑이 둥근 토기이다. 부산 동삼동 조개더미에서 원시무늬없는 토기와 함께 출토되었으며, 가장 오래된 토기이다.

◉ 빗살무늬토기(즐문토기 ; 櫛文土器)

약 6천 년 전 어로·수렵을 생업으로 하던 신석기인들이 사용한 회색 토기로, 팽이모양(V자형)이며 표면에 기하학적인 빗살무늬가 새겨져 있다. 시베리아·스칸디나비아·몽고·만주·한국 등지에서 출토되는 북방계 문화유물이다. 이는 대개 압록강·대동강 등의 해안 및 평야지대에서 출토되므로 저지유물(低地遺物)이라고도 한다.

▐▶ 빗살무늬토기(→신석기시대)와 무늬없는 토기(→청동기시대)가 사용된 시대를 묻는 문제가 출제됨

◉ 조개무지(패총 ; 貝塚)

해안·강변에서 발견되는 선사시대인들의 유적지로 많은 유물이 함께

발견되었다. 웅기 · 김해 · 양산 · 웅천 · 몽금포 등지에 남아 있는데, 웅기의 것에서 온돌지와 사람뼈가 발굴되어 고대인들의 난방시설과 매장 풍속을 알게 되었다.

▥▶ 웅기와 부산 동삼동의 패총은 신석기시대, 김해 · 양산 · 웅천의 패총은 철기시대의 것이다.

● 무늬없는 토기(무문토기 ; 無文土器)

청동기 또는 금석병용기시대 사람들이 사용하던 토기로, 우리나라 토기의 주류를 이룬다. 무늬없는 두꺼운 토기라고도 하는데, 빗살무늬토기보다 거칠고 두꺼우며, 무늬가 없으며 밑이 평평하고, 또 대부분 쇠뿔 모양의 손잡이가 달려 있다.

▥▶ 무늬없는 토기는 반월형 석도와 함께 청동기시대의 대표적인 유물이다.

● 고인돌(지석묘 ; 支石墓 ; dolmen)

부족시대 족장급의 무덤으로 추측되는 청동기시대의 대표적인 분묘 또는 제단으로서, 부족간의 경계 표지인 선돌(立石 ; menhir)과 함께 거석문화에 속한다. 고인돌을 중국의 산둥 반도로부터 한국의 동북방을 제외한 전지역과 서부 일본에 널리 분포되어 있다. 우리나라의 경우에는 대개 한강을 중심으로 북방식(탁자식 ; 용강 · 은율)과 남방식(기반식 ; 대구 · 나주)으로 나뉜다. 선돌은 전남 순천과 황해도 연백에서 발견된다.

▥▶ 태양거석문화 : 족장세력의 성장과 함께 청동제 칼과 창으로 무장한 우세부족들이 나타나기 시작했으며, 이들은 스스로 하늘의 아들이라 믿는 '선민 사상'을 가졌다. 이러한 의식이 태양거석문화로 나타난다.

● 단군신화(檀君神話)

천제 환인의 아들인 환웅과, 곰이 변신하여 여인이 되었다는 웅녀의 아들 단군왕검이 BC 2333년 아사달에 도읍을 정했다는 우리 민족 최초의 초기국가인 고조선의 건국신화이다. 단군은 제사장을, 왕검은 정치적 지배자를 뜻한다. 이로써 단군왕검은 제정일치의 족장이었음을 알 수 있으며, 웅녀전설은 단군조선, 즉 고조선이 모계사회였고 토테미즘사회였음을 알려준다. 단군신화가 실려있는 문헌은 「삼국유사」·「제왕운기」·「세종실록지리지」·「응제시주」·「동국여지승람」이다. 단군신화는 우리 민족 건국과정과 홍익인간의 건국이념을 밝혀준다.

▸ 단군신화가 최초로 기록된 문헌은 「삼국유사」이다.

▸ 단군신화의 내용에 대해, 그리고 기사가 실린 문헌에 대해 출제됨

◉ 8조금법(八條禁法)

「한서지리지」에 전하는 고조선사회의 기본법이다. 그 내용 중 사람을 죽인 자는 사형에 처한다, 남에게 상해를 입힌 자는 곡물로 배상한다, 남의 물건을 훔친 자는 노비로 삼고, 자속(自贖 ; 배상)하려는 자는 50만 전을 내야 한다 등 3조만 전해진다.

▸ 이 관습법은 족장들의 사회 질서 유지수단이었으며, 동시에 가부장중심의 계급사회로서 사유재산을 중히 여긴 당시 사회상을 반영하고 있다.

◉ 한사군(漢四郡 ; BC 178-AD 313)

한무제가 위만조선을 멸망시키고 낙랑(樂浪)·진번(眞番)·임둔(臨屯)·현도(玄菟) 등의 4군(郡)을 두어 직접 관리를 파견 지배했던 곳이다. 이 4군에는 관할 현(縣)을 설치하고 군에는 태수(太守), 현에는 영(令) 등의 소속장관을 한나라 중앙정부에서 파견하였다. 4차에 걸친 변동 끝에 마지막까지 남아 있던 낙랑이 북쪽에서 고구려, 남에서 백제가 성장하여 공격을 가해 축출함으로써 설치된 지 421년 만에 소멸되었다.

▸ 한사군의 영향 : 철기문화가 발전하고 한자가 전래되었으며, 한족에 대한 저항 속에 민족의식의 생성과 함께 초기국가(부족국가)들이 나타났다.

◉ 영고(迎鼓)

고조선 다음에 성립한 고대국가 부여에서 행하던 제천행사로 마지굿이라고 한다. 은력(殷曆) 정월(지금 12월)에 온 백성들이 모여 하늘에 제사

지내고, 음식과 가무를 즐기며, 국사를 의논하고, 죄수들을 풀어주기도 한 이 행사는 추수감사제의 성격을 띤 종교의식이었다.

예문 각 부족국가와 제천행사에 대한 문제가 많이 출제되니 짝지어 기억해둘 것

● 순장(殉葬)

고대 부여에서 왕이나 족장들의 지배력 강화와 더불어 생긴 관습으로 지배자가 죽으면 하호(下戶 ; 농노) 등 그에 속한 많은 사람들이 함께 매장되어야 했던 것을 말한다.

● 1책 12법(一責十二法)

도둑질한 자에게는 12배의 배상을 물게 한 부여의 법제로, 이는 고구려에서도 행해졌다.

● 민며느리 제도(예부제 ; 豫婦制)

옥저에서 행해진 일종의 매매혼으로, 여자의 나이 10세가 되면 맞아들여 길러 성인이 된 뒤에 여자집에 돈을 치르고서 정식 아내로 삼았다. 이러한 것은 당시에 사유재산제가 존재했음을 말해준다.

▶ 데릴사위 제도(예서제 ; 豫壻制) : 고구려에서 행해지던, 신랑을 신부의 집에 미리 데려오던 제도로 모계사회 유풍이다.

● 소도(蘇塗)

삼한시대에 제사장인 천군이 제천의식을 주관하던 신성한 장소를 말한다. 제정이 분리되지 않았던 때는 중요하게 여겨졌으나, 정치군장의 세력강화에 따라 천군의 지배력이 약화되어 제정이 분리되는 단계에 이르러 소도는 신구(新舊)세력의 완충지대로서의 성격을 띠게 된다. 소도는 신성 지역이므로 국법의 힘의 미치지 못하여 죄인이 이곳으로 도망해 들어와도 잡지 못하였다.

 Q 다윈이 종의 기원에서 제창한 진화학설은?

▮▮▮▶ 정치군장이란 당시 중요한 산업인 수전경작을 위해 저수지(벽골제 · 의림지 · 수산제 · 공검지 · 대
제지 등)를 축조해 물의 관리권을 갖는 등 당대의 실질적 지배자를 말한다.

● 점제현 신사비(黏蟬縣神祠碑)

평남 용강군에 남아 있는 우리나라 최고의 석비로, 높이 1.6m, 폭1m이
며, 비문은 예서(隷書)로 씌어 있다.

▮▮▮▶ 열수(列水)가 대동강임을 알게 된 것은 이 비석 때문이다.

● 진대법(賑貸法)

고구려 고국천왕이 을파소를 재상으로 등용, 왕 16년(194)에 실시한 '춘
대추납'의 구빈제도로, 춘궁기에 가난한 백성에게 관곡을 빌려주었다가
추수기인 10월에 환납하게 하는 제도이다. 양민들의 노비화를 막고 농민
생활을 안정시키기 위해 실시하였다.

▮▮▮▶ 고려의 의창, 조선시대 환곡의 선구가 되었다.

● 태학(太學)

우리나라 최초의 교육기관(국립대학)으로서, 고구려 소수림왕 2년(372)
중앙에 설치한 국립교육기관이다. 중앙귀족의 자제에게 한학, 곧 경서와
역사서를 가르쳤다.

▮▮▮▶ 경당(卿堂) : 지방에 설치, 평민 이상의 자제에게 경전과 무예를 가르쳤다.

● 나제 동맹(羅濟同盟)

남하하는 고구려 세력을 막기 위해 신라와 백제가 맺은 공수(攻守)의 성
격을 띤 군사동맹이다. 433년 백제 비유왕과 신라 눌지왕 사이에 체결되
었고, 493년에는 백제 동성왕이 신라 소지왕에게 요청하여 결혼동맹으
로까지 발전했다.

▮▮▮▶ 433년부터 553년까지 계속되었던 이 동맹은 신라 24대 진흥왕의 영토확장책으로 인하여 결렬
되고 말았다.

◉ 살수대첩(薩水大捷)

살수(薩水 ; 지금의 청천강)에서 고구려 군사가 수(隋) 대군을 무찔러 크게 이긴 일을 말한다. 영양왕 23년(612), 수나라 양제가 100만 대군을 이끌고 고구려에 침입했는데, 고구려의 항전이 굳세어지자 별동대 30만이 다시 압록강을 건너 쳐들어왔으나 을지문덕 장군이 유도작전을 써 살수에서 이들을 전멸시켰다. 안시성 싸움과 더불어 대한족 투쟁에서 우리 민족이 거둔 장쾌한 승전의 하나이다.

[illegible]▶ 안시성(安市城) 싸움 : 수를 이은 당(唐) 대군을 맞아 안시성 성주 양만춘이 60여 일이나 굳세게 항전, 물리친 전투이다.

◉ 광개토대왕릉비(廣開土大王陵碑)

만주 통코우에 있는 고구려 광개토대왕의 비석으로 장수왕이 414년에 세운 것이다. 원래의 명칭은 '국강상광개토경평안호태왕비(國崗上廣開土境平安好太王碑)'이며 우리나라 최대 비석이다. 이 비석에는 영락 5년 비려 정복(395), 왜구와 연결된 백제 정벌(396), 신라 · 가야 정벌(400) 등 영토확장 사실이 적혀 있으며, 시조 동명왕이 남긴 '이도여치(以道與治)'란 말이 전한다. 특히 일본은 '辛卯年來渡海破百殘 □□□ 羅'라는 비문을 확대 · 왜곡 해석함으로써 임나 일본부설을 보완하는 증거로 삼고 있다.

▶ 1. 광개토대왕비를 세운 장수왕은 평양으로 천도했으며, 남하정책을 펴 남한강 유역까지 진출, 중원 고구려비를 세웠다.

　2. 재일 한국인 사학자 이진희씨가 '85년에 이곳을 직접 답사, 일본의 광개토대왕비 변조를 확인한 바 있다.

◉ 임나일본부설(任那日本府設)

일본의 역사서인 「니혼쇼키(日本書紀)」의 기록을 근거로, 고대 낙동강 유역의 가야지방이 일본이 지배하던 관부라고 주장하는 설을 말한다. 사학자 천관우의 「니혼쇼키」, 「삼국사기」 '광개토대왕릉비문'을 토대로 한

임나일본부에 대한 부정이 우리 학계의 정설이 되고 있는데, 「니혼쇼키」
에 나오는 기록은 대가야에 설치되었던 왜의 상관(商館)이라는 추측이
더욱 현실적이다.

예문 시사성을 띠는 역사용어이다. 언론사 시험문제에서 자주 출제되므로 주관식으로도 서술할 수 있
어야 함

남당(南堂)

원래는 부족국가시대의 집회소였으나, 왕권 확립 후 중앙정청(中央政廳)
으로 변하였다. 백제 고이왕 28년(261)에 왕이 남당에서 대신들로부터
정사(政事)에 관한 의견을 들었다는 기록이 전한다.

도당(都堂)이라고도 한다.

무령왕릉(武寧王陵)

백제 무령왕과 왕비의 능으로, 1971년 공주 송산리에서 발견되었다. 연
꽃무늬 벽돌로 만들어진 전축분(塼築墳)으로 금제관식 · 지석 · 청동제
품 · 자기 등이 발굴되었다. 중국 남조, 특히 양나라와의 문화적 교류를
증명하고 있다.

송산리 제5, 6호분과 서로 접해 있으며, 백제 고분으로서 전례가 없을 정도로 유물이 풍부하고
화려하다.

골품제도(骨品制度)

신라의 신분제도로서 족장세력을 통합하는 과정에서 성립됐다. 왕족은
성골(聖骨) · 진골(眞骨), 귀족은 6두품 · 5두품 · 4두품, 평민은 3두품 ·
2두품 · 1두품 등 8골품으로 구별한다. 골품은 가계의 존비(尊卑)를 나타
내고 그 등급에 따라 복장 · 가옥 등에 여러 가지 차등을 두었다. 성골은
28대 진덕여왕으로써 끊기고, 29대 무열왕부터는 진골이 대를 이었다.

특히 6두품은 얻기 어려워 득난(得難)이라고 했다.

화백제도(和白制度)

신라 씨족공동회의제에서 발전한 만장일치제 회의제도로서, 진골 이상의 귀족 · 중신들이 모여, 국왕 선거를 비롯한 국가의 중대사를 의논 · 결정하였다. 회의 참석자는 대등(大等), 그 대표자는 상대등(上大等)이다.

▶ 사영지(四靈地) : 경주 주변 네 곳의 회의장소(동쪽의 청송산, 서쪽의 피전, 남쪽의 오지산, 북쪽의 금강산).

화랑제도(花郞制度)

옛 씨족사회의 청소년 집단에서 기원하여 진흥왕 37년(576)에 사회제도화해 국가적 조직으로 발전한 것이다. 화랑도는 진골 출신의 화랑과 낭도의 무리로 구성되었으며, 국선도 · 풍월도 · 향도라고도 했다. 이들은 친목단체 · 교육단체 · 무사단으로서 5계를 지켜 고상한 기풍과 정의 · 인내와 무사도의 정신을 함양하였다. 이렇게 하여 이 제도는 국가에 유능한 인재를 배출, 후에 신라의 삼국통일에 공헌한 바 크다.

▶ 이름난 화랑에는 사다함 · 검군 · 관창 · 죽지랑 · 기파랑 · 김유신 · 김춘추 등 명장과 재상들이 많다.

진흥왕 순수비(巡狩碑)

〈 신라의 전성기 〉

신라 전성기를 이룬 진흥왕의 영토확장을 기리기 위한 척경비이다. 한강상류를 정복하고 적성비(赤城碑 : 단양비), 이어 북한산비, 낙동강 하류 가야를 정복하고 창녕비, 함경도 일대를 토평하고 마운령비와 황초령비를 세웠다. 북한산 순수비를 세운 정복사업으로 나제동맹은 깨지고 이 전투에서 백제 성왕이 전사했다.

Q 무에 들어 있는 소화효소제는?

◉ 세속오계(世俗五戒)

신라 진평왕 때 원광법사의 사군이충(事君以忠) · 사친이효(事親以孝) · 교우이신(交友以信) · 임전무퇴(臨戰無退) · 살생유택(殺生有擇)의 다섯 가지 계명을 말한다. 원광법사가 수에서 귀국하자, 화랑인 귀산과 추항이 찾아가 일생을 두고 경계할 가르침을 청해 이를 일러주었다고 한다. 이는 화랑정신이 되어 화랑도의 발전과 삼국통일의 기초를 이룩하였다.

◉ 삼국의 주도권 쟁탈전

구 분	성 격	시 기
제 1기 (4세기 말엽 ~ 5세기)	고구려의 주도권 시기	소수림왕 · 광개토왕 · 장수왕 · 문자왕
제 2 기 (6세기)	신라의 주도권 시기	법흥왕 · 진흥왕
제 3 기 (6세기 말 ~7세기 중엽)	삼국간의 치열한 쟁탈기	당의 등장과 백제 · 고구려 멸망

▶ 555년에 세워진 북한산비는 조선후기 금속학자 추사 김정희에 의해 고증되었으며 현재 경복궁에 소재되어 있다.

◉ 왕오천축국전(往五天竺國傳)

신라 성덕왕 때의 승려 혜초가 당에서 바닷길로 인도로 건너가 각지를 순례하고 중앙 아시아를 거쳐 727년에 돌아온 뒤 쓴 책으로, 당시의 인도 · 서역 등의 각 국 종교와 풍속에 관한 기록이 많이 있다. 1908년 중국의 둔황 석굴에서 발굴되었는데, 현재 프랑스 파리 국립도서관에 소장되어 있다.

예문 저자와, '천축'이 지금의 어디인지(인도)를 묻는 문제가 출제됨

◉ 독서삼품과(讀書三品科 ; 독서출신과)

신라 말엽 원성왕 4년(788)에 실시한 학문성적에 따라 관리를 등용했던

제도로 과거제도의 전신이다. 화랑이나 귀족의 자제들 가운데서 추천이나 무예 등을 통하여 인재를 등용하였던 종래의 관리채용방법과는 달리 국학의 학생들에게 독서로써 시험하여 그 성적에 따라 상품 · 중품 · 하품 등 3품으로 나누어 채용하였다. 특히 5경(經) · 3사(史) · 제자백가(諸子百家)를 통달한 자는 특별채용의 은전이 있었다.

▮▮▶ 골품제도와 귀족들의 반대로 제대로 실시되지는 못했지만 학문을 보급시키는데 기여했다.

● 청해진(淸海鎭)

신라 말기, 당에 머물러 있던 장보고는 신라인이 노예로 팔려 가는 것을 보고 돌아와 지금의 완도에 해상진영을 설치했다. 이곳을 근거로 중국 해적을 소탕하였으며, 나아가 서남해의 해상권을 확보, 이에 따른 중국 · 일본과의 활발한 교역으로 신라의 해외 발전의 전성기를 이루었다.

● 신라방(新羅坊)

신라 때 신라인이 자주 왕래하던 당나라 산둥반도와 양쯔강 하류 일대에 산재해 있던 신라인의 거주지를 말한다. 삼국통일 후 신라는 당과의 해상무역이 활발해져 많은 신라인이 오고감에 따라 형성되었으며, 이들 신라방의 거류민을 다스리기 위해 자치적 행정기관인 신라소(新羅所)를 설치하였으며, 사원인 신라원(新羅院)이 세워졌다.

▮▮▶ 신라원 : 신라방에 세운 사원으로, 이중에서도 장보고가 세운 법화원(法化院)이 유명하다.

● 지리도참설(地理圖讖說 ; 풍수지리설)

신라 말 도선이 중국에서 받아들인 인문지리적인 지식과 예언적인 도참신앙이 결부된 학설이다. 송악이 나라의 수도가 될 만한 길지(吉地)라든지, 각 지방에도 그 지세에 따라 좋고 나쁜 곳이 있다는 등, 왕궁이나 사찰의 건축, 분묘의 자리를 보는 것이다. 경주 중심의 행정조직을 고치고 국토개편을 주장함으로써 신라 정부의 권위를 약화시키는 역할을 했다.

 Ⓠ 화백제도(和白制度)란?

⚫➤ 이 때 도입된 풍수지리설은 고려 때 더욱 성했다. 서경길지설(西京吉地設)을 내세운 묘청의 난이 있다.

⚫ 발해(渤海)

고구려인의 저항운동이 계속되는 가운데 698년, 고구려 유장 대조영이 지린성 돈화현 동모산에서 말갈인과 고구려 유민(流民)을 모아 세운 연합국가로 국호를 진(震; 연호는 天統)으로 했다가 뒤에 발해로 고쳤다. 고구려의 옛 영토를 거의 회복하여 세력을 떨쳤으나, 신라 말기에 요(遼)나라에 망했다. 고구려 부흥의식과 민족자각 의식이 강했던 발해의 멸망과 아울러 만주는 우리 민족의 활동무대에서 사라지고 말았다.

⚫➤ 고구려 유지(遺址)를 회복하지 못한 신라의 삼국통일은 발해의 멸망과 함께 우리 민족의 활동무대를 한반도로 축소시키고 말았다. 발해의 영토를 회복하려는 노력은 고려 초 태조 왕건의 북진정책, 공민왕의 요동출병, 고려 말(최영) · 조선 초(정도전)의 요동수복운동으로 이어진다.

◉ 기인제도(其人制度)

통일을 이룬 고려 태조 왕건의 가장 큰 과업은 호족세력을 통합해 중앙집권체제를 수립하는 것이었다. 이를 위해 많은 호족들을 중앙관리로 전환시키고, 지방의 호족에게는 중앙 관직의 위계와 같은 향직위(鄕職位)를 주어 지방자치를 관할케 하되, 토호(土豪)의 자제를 인질로 수도에 데려다두었는데, 이를 말한다. 호족 세력을 억제하기 위한 제도의 하나로서 태조 때 실시되어 성종 때 제도화되었다.

▐▐▶ 상수리제도(上守吏制度) : 신라 때 지방세력 견제를 위해 지방호족들을 인질로 중앙에 와있게 한 제도로, 기인제의 시초가 되었다.

◉ 훈요십조(訓要十條)

고려 태조가 왕 26년(943)에 대광 박술희에게 내린 후세 왕들이 지켜야 할 정치 지침서로 신서(信書)와 훈계(訓戒) 10조로 이루어져 있다. 태조 왕건의 사상과 정치지침이 집약된 것으로 왕권강화를 위한 견해가 천명되어 있다.

▐▐▶ 아직 자리잡히지 않은 왕실의 안전을 도모하기 위한 것이다.

◉ 연등회(燃燈會)

신라 때부터 국가와 왕실의 태평을 기원하던 불교 행사의 하나이다. 성종 때 일단 중지 되었으나 현종 때 부활하여 전국적으로 거행되었다.

▐▐▶ 훈요십조의 제6조에서 이에 대한 언급을 볼 수 있다.

◉ 팔관회(八關會)

민족의 전통적인 토속신앙에 의한 제전과 불교가 융합된 것으로, 천령(天靈)·5악(五岳)·대천(大川) 등에 제사하던 제전이 불교적 색채를 띠게 되었다. 개경(11월 15일)·서경(10월 15일)에서만 거행되며 이 행사 때 왕은 법왕사 또는 궁중에서 하례를 받고 지방관 및 외국 사신의 선물

Q 중국 고대의 상형문자는?

을 받았으며, 그에 따라 무역이 성해졌다.

▸ 대식국(아라비아) 상인들이 이 행사를 위해 방물을 가지고 벽란도에 상륙했다고 한다.

● 벽란도(碧瀾渡)

예성강 하류에 위치한 고려시대의 국제 무역항이다. 고려의 서울이었던 개경에 가까운 예성강은 수심이 비교적 깊어 강어귀에서 벽란도까지 큰 배가 쉽게 오르내릴 수 있었는데, 송(宋) · 왜(倭) · 사라센(Sarasen) 등 의 상인들이 그칠 사이 없이 드나들었다. 벽란도 근처에 외국 사신 영접 을 위한 벽란정(碧瀾亭)이 있었다.

▸ 코리아의 유래 : 사라센 상인에 의해 우리나라가 처음으로 서양에 전해져 고려, 즉 코리아라 불 리게 되었다.

● 노비안검법(奴婢按檢法)

고려 광종 7년(956)에 실시된 개혁정책의 하나이다. 후삼국시대의 혼란 기와 고려의 건국기를 전후하여 호족들은 전쟁포로 등을 노비로 삼아 경 제적 · 군사적 세력을 증대시켜 갔다. 중앙집권적 체제를 위한 왕권확립 에 힘써오던 광종은 귀족들의 세력 증대를 억제하기 위해 본래 양민이었 던 노비들을 해방시킴으로써 민심을 수습하고, 왕권을 강화하는 데 큰 성과를 거두었다.

▸ 노비환천법(奴婢還賤法) : 노비안검법으로 해방된 노비 중 불손한 자를 다시 노비로 만들어 기강 을 확립하기 위해 6대 성종 때 마련한 법이다.

● 과거제도(科擧制度)

왕권강화와 국가기틀을 확립하기 위해 고려 광종 9년(958) 쌍기의 건의 로 설치되어 조선 말기까지 존속한 관리채용제도이다. 과거의 종류에는 제술과(한문학) · 명경과(유교경전) · 잡과(의학 · 천문 · 음양지리)가 있 었다. 5품 이상의 관리의 자손은 과거를 거치지 않고 무시험으로 등용되 었는데 이를 음서(蔭敍)라고 한다.

⇒ 과거제도는 갑오경장에 의하여 폐지, 새로운 관리등용법이 채용되고 신분 구별 등도 없어지게 되었다.

국자감(國子監)

고려 성종 11년(992) 유학교육을 받은 관리의 필요성 때문에 설치한 국립대학이다. 숙종 6년(1101), 국자감에 서적포(書籍鋪)라는 국립도서관을 설치, 충선왕 때 성균관으로 개칭, 공민왕 때 다시 국자감으로 환원되었다. 이는 다시 성균관으로 개칭되어 조선조까지 계승되었다.

⇒ 중앙에 설치된 국자감에 대해 군·현에 설치한 지방교육기관이 향학(鄕學)이다.

별무반(別武班)

고려 숙종 9년(1104)에 윤관이 여진 정벌을 위해 만든 군대를 말한다. 기병 중심의 신기군(神騎軍), 보병인 신보군(神步軍), 승려로 조직된 항마군(降魔軍)의 세 부대로 편성되었다.

⇒ 그 뒤 예종 때 윤관은 별무반을 이끌고 여진족을 토벌, 동북 일대에 9성을 쌓았다.

보(寶)

근절되지 않고 전해지던 고리대는 고려시대에 더욱 성행했으며, 이에 따라 보의 필요성이 높아졌다. 이는 기금을 만들어 그 이식(利息)으로 사업경비를 충당하는 일종의 공공재단이었다. 목적에 따라 학보(學寶 ; 장학), 팔관보(八關寶 ; 팔관회 경비염출), 경보(輕寶 ; 불경간행), 제위보(濟危寶 ; 빈민구제) 등이 있었다.

⇒ 고리대란 곡식이나 베를 빌려주고 높은 이식을 받는 것으로 귀족·사원·호족들에 의해서 성행, 농민생활이 극도로 어려웠다.

상평창(常平倉)

고려 성종 12년(993)에 설치한 물가조절기관으로 곡식과 포목 등 생활필수품을 값쌀 때 사두었다가 값이 오르면 값을 내려 파는 기관이다. 개경

Q 문방사우(文房四友)는?

과 서경을 비롯한 전국주요 12목(牧)에 큰 창고를 두었으며, 사회구제책과 권농책으로 오래 활용되었다.

▸ 고구려의 진대법과 같은 농민구제책인 의창과 더불어 물가조절기구인 상평창은 농민들을 위한 기구였다. 그 기능은 오늘날의 추곡수매와 같은 성격이다.

예문 보(寶)의 종류와 사회구제 기구를 묻는 문제가 출제됨

● 고려시대의 구빈제도

종 류	시 대	내 용	요 점
의 창 (義 倉)	성 종	흑창을 의창으로 개칭	춘대추납
제 위 보 (濟 危 寶)	광 종	빈민구제를 위한 제단	빈민구제재단
대 비 원 (大 悲 院)	정 종	빈민환자 치료기구	환자치료
구제도감 (救濟都監)	예 종	빈민구제기	빈민구제
혜 민 국 (惠 民 局)	예 종	빈민에게 무료로 의약제공	무료의약

● 장생고(長生庫)

고려 때 사찰의 운영을 위해 사전(寺田)에서 수확된 소득을 대부하여 이식을 늘리던 일종의 서민금융기관이다. 사찰의 유지 발전에 그 목적을 두었으나, 점차 고리대금의 금고로 변하여 불교의 타락과 부패를 초래하였다. 이러한 현상은 왕실 · 귀족에게도 전파되어 부의 집중현상이 일어났다.

▸ 고리대금의 대표적인 것이 장생고이다.

● 화폐주조

교역의 기준이 되는 것은 곡물과 베였고, 쇄은(碎銀)이라 하여 은을 무게로 달아 사용하다가 성종 15년(996)에 최초의 화폐 건원중보(乾元重寶)를 만들었다. 이는 철전이었으며, 유통에는 실패했다. 그 뒤로 숙종 때 활구(闊口)라는 우리나라 지도모양의 은병(銀瓶 ; 은 1근으로 됨), 동전인 해동통보 · 동국통보를 만들었으나 널리 쓰이지 못했다.

▸ 주전론(鑄錢論) : 의천이 화폐사용을 주장, 화폐주조를 숙종에게 건의하고 주전도감을 설치해 은

병 · 해동통보를 주조했다.

◉ 속장경(續藏經)

대장경(大藏經)에 빠진 것을 모아 간행한 불경을 말한다. 고려 대각국사 의천이 널리 송 · 거란 · 일본 등지에서 불서(佛書)와 경전을 구하여 흥왕사에 교장도감(敎藏都監)을 두고 숙종 1년(1096)에 완성했으나 몽고의 침입 때 타고 지금은 그 목록만 전한다.

➠ 속장경은 교종에 중점을 둔 것으로 선종계통의 불경은 배제되었다.

◉ 팔만대장경(八萬大藏經)

몽고침입으로 대장경과 속장경이 불타자 고려 고종 때 몽고군의 침입을 불력(佛力)으로 물리치려는 종교적 염원으로 조판한 대장경으로, 고종 23년(1236)에 착수하여 16년에 걸쳐 완성되었다. 강화도에 피난하여 있는 어려운 처지에 만든 것임에도 불구하고 그 규모가 방대하여 8만 1천여 장에 이르며, 경문 교정이 정확하고 자체(自體) 또한 미려 · 정교하다. 현재 합천 해인사(海印寺)에 보관되어 있다.

➠ 1. 고려대장경(초조장경) : 현종~문종, 몽고병화 소실
2. 속장경(4700권) : 의천, 몽고병화 소실
3. 팔만대장경(81137장) : 최우, 해인사 보관
   독일 구텐베르그의 것보다 80년 앞선 금속활자본이다.

◉ 직지심체요절

청주 흥덕사에서 고려 우왕 3년(1377)에 승려 백운이 만든 현존하는 세계 최초의 금속활자본으로 책의 이름은 「백운화상초록불조직지심체요절(白雲和尚抄錄佛祖直指心體要節)」이다. 「불조직지심체요절」, 「직지심체요절」, 「직지심체」, 「직지」 등으로 부르기도 한다. 1972년 파리 국립도서관에서 개최한 '책의 역사' 전시회에서 처음으로 공개되었고, 2001년 유네스코 세계기록유산에 「직지」를 등재시킴으로써 그 가치를 세계적으로 공인 받게 되었다.

 Q 최초로 연호(年號)를 사용했던 왕은?

◉ 유네스코 지정 세계유산

문화유산	석굴암·불국사(1995), 해인사 장경판전(1995), 종묘(1995), 수원 화성(1997), 창덕궁(1997), 고인돌유적(고창, 화순, 강화, 2000), 경주역사유적지구(2000), 제주 화산섬과 용암동굴(2007), 조선 왕릉(2009), 안동하회·경주 양동 마을(2010)
기록유산	훈민정음(1997), 조선왕조실록(1997), 직지심체요절(2001), 승정원일기(2001), 조선왕조 의궤(2007), 해인사 고려대장경판 및 제경판(2007), 동의보감(2009)
무형유산	종묘제례 및 종묘제례악(2001), 판소리(2003), 강릉단오제(2005), 강강술래(2009), 남사당놀이(2009), 영산재(2009), 제주칠머리당영등굿(2009), 처용무(2009)

◉ 조계종(曹溪宗)

고려 때 신라의 선종(禪宗) 9산을 합친 종파이다. 천태종에 대립한 불교의 한 종파로 보조국사 지눌에 의해 이끌어졌다. '돈오점수(頓悟漸修)'라 하여(돈오는 불심을 깨닫는 것이고 점수는 꾸준히 수행한다는 것) 선(禪 ; 염불)을 위주로 불심을 깨닫고 지혜를 닦는다는 이른바 정혜쌍수(定慧雙修)를 주장한다.

⇒ 천태종(天台宗) : 고려 의천에 의한 대승불교의 한 파이다. 교종사상에 중점을 두면서 선종사상을 받아들여 교관겸수(敎觀兼修)를 주장했다.

◉ 묘청(妙淸)의 난

고려 인종 13년(1135), 이자겸의 난으로 민심이 흉흉해지자 서경길지설을 내세우며 묘청 등이 서경으로 천도할 것을 주장하며 칭제건원론(稱帝建元論)·북벌론을 표방하다가 유학자 김부식 등의 반대로 실패하자 일으킨 반란이다. 관군에 토벌되어 1년 만에 평정되었다.

⇒ 민족사가 신채호는 이 난을 '조선 역사상 1천년 내의 제1대 사건' 이라 하여, 민족 자주성의 표현으로 높이 평가했다.

A 고구려의 광개토대왕

개경파와 서경파의 대립

파 벌	사 상	대 외 정 책	중 심 인 물
개 경 파	유　　교	사대외교	김부식 · 김인존(중앙귀족)
서 경 파	도 참 사 상	북벌론(北伐論)	묘청 · 정지상(지방세력)

봉수제(烽燧制)

군사상의 통신제도로서 횃불 신호에 의한 통신을 말한다. 즉, 높은 산봉우리의 봉수대를 이용, 지방의 변란(變亂)이나 사건은 서울 목멱산(木覓山 ; 南山)의 봉수대로 전해졌다. 고려 의종 3년(1149)부터 실시되었으며, 조선 세종 때부터는 더욱 정비되어 전국에 약 620개소의 봉수대가 있었다.

▶ 낮에는 연기로, 밤에는 불빛으로 알아보기 쉽게 하였다.

무신(武臣)의 난

고려 때 무신들에 의하여 일어난 반란들을 말하는데 특히 정중부의 난을 가리킨다. 고려 의종 24년(1170) 무신에 대한 차별대우에 불만을 품어온 정중부 · 이의방 · 이고 등이 무신에 대한 문신(文臣)의 모욕을 계기로 난을 일으켰다. 그들은 왕과 태자를 추방하고 문신들을 죽이고 명종을 신왕으로 영립(迎立)하여 정권을 잡고 중방(重房)을 설치, 이를 통해 국정을 장악했다. 이를 경인(庚寅)의 난이라고도 한다.

▶ 무신정권교체 : 이들은 청년장군 경대승 등에 의하여 평정되었으며, 경대승이 병사하자 천민출신 이의민이 세력을 잡았으며, 이의민은 최충헌에게 타도되었다.

최씨 무신정권

이의민을 내몰고 정권을 잡은 최충헌은 집권 초에는 시무 10조를 올리고 조세개선 등 개혁방안을 내세우기도 했으나, 사병(私兵)을 양성하고 무단정치를 강화했다. 뒤를 이은 아들 최우는 문신을 우대했으며 항몽전에

Q 원자번호는 같으면서 질량이 다른 원소는?

앞장섰다. 최씨 정권은 최우의 뒤를 이은 최항, 최의 등 4대 63년 간에 걸쳐 계속되었다.

1. 39년 간 항몽투쟁을 벌인 강화도시대는 최씨 집권 때이다.
2. 최씨 무신집권의 군사적 배경은 도방과 삼별초였다.

최씨 정권시대의 특수기구가 그 설치자와 함께 문제로 출제됨

■ 최씨정권 때의 특수기구 ■

사병집단	도　방	경대승 최충헌	신변보호를 위한 사병집단
	삼 별 초	최　우	전투 · 치안 등의 공적 임무(실제는 사병)
지배기구	교정도감	최충헌	정적의 숙청 · 감시 → 인사 · 재정 · 감찰권
	정　방	최　우	인사처리기구
	서　방	최　우	문신으로 구성된 자문기구(이규보 등)

● 삼별초(三別抄)

고려 말기 최씨 무신정권의 한 사람인 최우의 무단정치 때 조직한 군대로 좌별초 · 우별초 · 신의군을 말한다. 처음에 도둑을 막기 위하여 조직한 사병집단인 야별초(夜別抄)가 확장되어 좌별초 · 우별초로 나뉘고, 항몽전쟁 과정에서 몽고군의 포로가 되었다가 도망쳐온 자들로 조직된 신의군(神義軍)을 합하여 삼별초라고 한다. 실제로는 사병으로 출발했지만, 전투 · 치안 등의 공적 임무를 맡았다.

삼별초의 난 : 고려가 몽고에 항복하자, 삼별초는 배중손 · 김통정 등의 지휘 아래 진도 · 탐라(지금의 제주도) 등에서 저항을 계속했으나 평정되었다.

● 만적(萬積)의 난

고려 신종 1년(1177)에 최충헌의 사노(私奴) 만적이 일으킨 노비해방운동이다. 만적이 공사(公私) 노비를 모아 노비문서를 불사르고 "왕후장상에 어찌 따로 씨가 있겠는가? 때가 오면 누구나 정권을 잡을 수 있다" 하며 난을 일으키려다 사전에 발각되어 수많은 노비들과 함께 잡혀 죽었다.

일종의 계급혁명이라고 할 수 있다.

▮▮▶ 사전의 밀고로 실패는 하였으나, 뚜렷한 목표 밑에 노비해방운동을 계획했던 것은 역사상 큰 의의가 있다.

● 고려양(高麗樣)

원(元)나라에서 유행된 고려의 풍습을 말한다. 원의 침입 이후 고려는 많은 공물을 바치고, 또 처녀를 바쳤는데, 그 중에는 원의 왕후가 된 경우도 있어 자연히 고려의 음식·의복, 그 밖의 생활양식이 유행된 것이 많았다.

▮▮▶ 몽고풍 : 몽고 간섭 이후 고려에는 몽고식 이름·복장 두발 등이 성행했다.

● 금속활자(金屬活字)

금속으로 만든 활자로, 고려 고종 때부터 사용되었다. 고종 21년(1234), 권신 최이의 주장으로 최윤의의 「상정고금예문(詳定古今禮文)」을 찍어낸 것이 세계 최초로, 독일인 구텐베르그(Gutenberg)가 금속활자를 만든 1450년보다 216년이나 앞섰다.

▮▮▶ 상정고금예문 : 강화도시대에 최은의가 고금의 예문을 모아 편찬한 책이다. 현존하지 않으나 이규보의 「동국이상국집」에 기록이 있다. 이는 세계 최초의 금속활자 인쇄물이며, 현존하는 세계 최고의 금속활자본은 직지심체요절(=직지, 직지심체)이다.

● 섬학전(贍學田)

고려 충렬왕 때 국학(國學)이 점차 그 기능을 잃어 이를 염려한 안향이 학문을 장려하기 위해 왕에게 건의, 관리들의 품위에 따라 돈을 내게 하였는데, 이것을 섬학전이라 한다. 이 섬학전은 양현고(養賢庫)에 두고 그 이자를 장학사업에 이용했는데, 이를 위해 왕도 전곡(錢穀)을 내었다.

● 공민왕의 반원정책(反元政策)

한족의 반란으로 원나라가 쇠약해진 틈을 타 공민왕은 개혁정치를 실시하며, 쌍성총관부 철폐 · 정동행성 철폐 · 친원파 타도(기철 등) · 관제복구(2성 6부) · 요동공격 등의 반원적인 자주정책을 폈다.

◉ 권문세족(權門勢族)의 횡포

권문세족이란 고려 후기에 권세를 누리며 정치를 좌우하던 친원세력으로 산천을 경계로 토지를 소유(장원 · 농장)했으며 사병까지 소유, 왕실에 버금가는 권세와 부를 누렸다. 이들이 민중을 수탈하여 전횡을 부려도 신진세력인 신흥사대부의 힘이 약해 제어하지 못했다.

▥▶ 지배세력의 교체 : ① 전기 – 문벌귀족(이자겸), ② 후기 – 권문세족(기철), ③ 말기 – 신흥사대부 (정도전)

◉ 향약구급방(鄕藥救急方)

고종 23년에 간행된 우리나라 최고의 의학서이다. 전통적인 향약을 연구 · 개발하여 독자적인 의학을 확립하였다. 고려 때 의약을 맡은 기관으로는 태의감(太醫監)이 설치되었다.

◉ 농업기술의 발달

이암의 「농상집요(農桑輯要)」가 소개되는 등 농업연구가 활발해 우경(牛耕)에 의한 심경법(深耕法)이 일반적으로 행해지고, 2년 3모작의 윤작법이 보편화되었다. 또한 문익점에 의해 목화씨가 전래되어 의생활에 혁명을 일으켰다.

▥▶ 농상집요 : 이암이 수입한 원나라의 농서로, 특히 당시 새로운 유용작물이었던 목화재배를 장려한 기사가 있다.

◉ 위화도회군(威化島回軍)

고려 말, 명나라 원정에 처음부터 반대하던 이성계가 4대 불가론을 내세워 위화도에서 회군, 개경을 반격함으로써 군사적 정변(政變)을 일으킨 것을 일컫는다. 회군한 이성계는 반대파인 최영과 우왕을 내쫓고 정치적 실권을 장악, 새 왕조개창의 중요한 계기를 잡았으며, 명과의 관계를 호전시켰다.

▸ 4대 불가론 : ① 소국이 대국을 거역함은 불가. ② 농사철에 군사동원 불가. ③ 왜(倭)에게 틈을 보이게 되니 불가. ④ 장마철 군사동원은 불가.

Q 3대 인문주의자는?

◉ 과전법(科田法)

조준·정도전 등의 혁명파 사대부들에 의해 추진된 사전개혁(私田改革)을 말한다. 고려의 문란한 토지제도를 바로잡기 위해 공양왕 3년(1391)에 단행한 이 토지개혁은 이성계 일파인 신흥 사대부세력이 경제적 실권을 장악, 새로운 왕조를 세우는 기틀이 되었다.

▶ 고려 말 신흥세력인 사대부에는 점진적인 개혁을 추구한 이색, 정몽주 등의 온건파와 역성혁명을 주장한 혁명파가 있었다.

◉ 도첩제(度牒制)

숭유억불·친명교린·농본억상을 3대 정책으로 내세운 조선의 태조 이성계에 의해 실시된 억불책(抑佛策)의 하나로, 승려에게 신분증명서, 즉 도첩(度牒)을 지니게 한 제도이다. 승려가 되려는 자는 국가에 대해 일정 의무를 지게 한 다음 도첩을 주어 함부로 승려가 되는 것을 억제하였다.

▶ 성종 때부터는 이를 폐지하고 백성의 출가를 금하였다.

◉ 호패(號牌)

조선 태종 때 호적을 정리 강화해 유민을 방지, 양인을 늘리고 국역(國役) 기반을 확대하려는 의도에서 실시한 것으로 16세 이상의 남자에게 주어진 신분을 증명하는 패이다. 귀족으로부터 노예에 이르기까지 성명·출생·신분 및 거주지를 새기고 관아의 낙인(烙印)을 찍었다.

▶ 태종은 왕권확립을 위해 신분·호적·조세제도를 개혁하고, 국력신장을 꾀했다.

◉ 신문고(申聞鼓)

조선 태종 2년(1402), 백성의 억울한 사정을 왕에게 직소하게 한 제도로 민의상달(民意上達) 위해 대궐문 위에 매달아 놓은 북이다. 자신에 관한 것, 부자(父子)·적첩(嫡妾)·양천(良賤)에 관한 것에 한하였다.

▶ 한때 폐지되었다가 영조 때 부활했다.

● 보부상(褓負商)

봇짐장수 보상(褓商)과 등짐장수 부상(負商)을 합해 이르는 말로 지방시장을 순회하는, 곧 장날을 따라 정기시장을 돌아다니던 관허행상단이었다. 이들은 생활필수품을 향촌에 판매했으며, 강력한 조직을 형성해 타의 상행위를 견제했다. 태조 때 협력한 공으로 물자운송·관물수송 등의 특권을 누렸으며, 종종 행패를 일삼기도 했다.

▶ 병자호란 때는 군량과 무기를 운반하기도 했으며, 구한말에 이르러서는 정치단체인 황국협회(皇國協會)와 관련을 맺고 정치 테러까지 자행했다.

● 육의전(六矣廛)

조선시대의 중심가인 운종가에 자리잡은 시전(市廛)이 90여 품목을 전문적으로 판매했는데 그 중에서도 왕실·국가 의식의 수요를 도맡아 공급하던 어용상점(御用商店)을 말한다. 비단·무명·명주·모시·종이·어물의 여섯 종류로 상품의 독점 판매권(전매권)을 갖는 대신 나라에 관수품을 바쳐 납세에 대신할 의무가 있었다. 보부상이 지방의 상업을 맡고 있는 데 비해 육의전은 서울의 상업을 맡고 있었다.

▶ 금난전권(禁難廛權) : 사설 점포개설을 금지하는 권리이다. 원래는 정부가 지녔으나 실제는 육의전이 대행했다.

● 성균관(成均館)

조선시대의 최고 국립종합대학으로, 그 명칭은 고려 충선왕 때에 국학(國學)을 성균관으로 개명한 데서 비롯되었다. 여기서 수업한 학생은 대과(大科)에 응시할 수 있었으며, 정원은 200명이었다. 교육내용은 중앙의 4부학당, 지방의 향교 모두 경학(철학·윤리)·역사·문학 등의 인문교육이었다. 1894년의 갑오경장에 이르기까지 조선시대를 통해 최고의 교육기관이었다.

▶ 기술교육은 의학(전의감), 역학(사역원), 천문·지리(관상감), 산학(호조), 율학(형조) 등을 가르쳤다.

 Q 17~18세기의 절대주의 권력 타도를 위해 일어났던 혁명은?

● 각 시대의 국립대학

통일신라	국학(國學)	고려	국자감(國子監)
발해	주자감(朱子監)	조선	성균관(成均館)

● 3사(三司)

조선시대의 기구로서 홍문관(학술 ; 대제학), 사간원(언론 ; 대사간), 사헌부(감찰 ; 대사헌)를 말한다. 학술·언론·감찰을 맡는 3사는 담당 사무의 성격상 의롭고 유능한 인재가 등용되어 청직(淸職)이라고 한다. 이 가운데 홍문관은 성종 즉위년에 집현전을 본떠 설치되었다가 순종 융희 원년에 폐지되었다.

IIII➡ 고려·조선의 유사기관 : 1. 고려 : 문화시중 , 중추원, 어사대, 국자감, 안찰사
　　　　　　　　　　　　　2. 조선 : 영의정, 승정원, 사헌부, 성균관, 관찰사

● 집현전(集賢殿)

조선 세종 2년(1420)에 설치, 신진사류 중 뛰어난 학자들을 모아 경사(經史)를 기록하고 서적을 편찬·간행한 왕립 학문연구소이다. 경연(經筵 ; 왕의 학문지도), 서연(書筵 ; 세자의 학문지도), 고전의 연구, 유교·지리·의학 등의 서적 편찬, 사관(史官)의 임무, 언관(言官)의 직능 및 정치 자문 등을 하여 세종 때의 학문 융성과 왕권 강화에 큰 업적을 이루었다. 집현전 학자들이 세종을 도와 훈민정음을 창제하였다.

예문 고려와 조선의 유사한 기관에 대한 문제가 출제됨

● 6진(六鎭)

조선 세종 16년(1434) 영토 수복정책에 따라 김종서 등에게 두만강 유역의 여진족을 몰아내고 경원·온성·종성·회령·부령·경흥에 설치한 여섯 군데의 진을 말한다. 압록강의 4군 개척과 더불어 6진의 개척으로 우리 국토의 경계선이 오늘의 경계에까지 이르게 되었다.

예문 6진 개척 결과 우리나라 국경선이 압록강과 두만강으로 정해진 사실을 확인하는 문제가 출제됨

◉ 계해약조(癸亥弱調)

조선 세종 25년(1443), 신숙주를 파견하여 쓰시마 도주 소오씨와 맺은 조약이다. 세종 8년의 3포 개항으로 잦은 왜인의 왕래와 미곡·면포의 수출 급증으로 피해가 커, 이를 억제하기 위해 맺은 것으로, 그 내용은 세견선(歲遣船) 50척, 세사미두(歲賜米豆) 200석으로 제한한 것이었으며, 교역품으로 쌀·무명·삼베 등을 주고 황·향료·약재 등을 도입했다.

◉ 3포(三浦) : 왜인들에 대한 회유책으로 개항했던 제포·부산포·염포를 말한다. 이곳에 왜관을 설치, 왜인의 교통·거류·교역의 장소로 삼았다.

◉ 경국대전(經國大典)

조선 세조6년(1460) 최항·노사신 등에게 명해 작업에 착수, 예종을 거쳐 성종 때 만들어진 조선조의 법전이다. 육조(六曹)별로 나뉘어 있으며, 6권 4책으로 되어 있다.

◉ 「경제육전」을 모체로 한 「경국대전」은 그 뒤 여러 차례 보완되었으나 그 기본골격은 왕조 말까지 계속되었다. 그래서 「경국대전」은 조종지법(祖宗之法)의 법전이라고 한다.

예문 「경국대전」의 성격과 내용을 묻는 문제가 출제됨

◉ 조선시대의 법전

왕조구분	법전명칭	편 찬 자	왕조구분	법전명칭	편 찬 자
태　　조	경제육전	조　　준	영　　조	속 대 전	김 재 로
태　　종	속 육 전	하　　윤	정　　조	대전통편	김 치 인
성　　종	경국대전	최　　항	고　　종	대전회통	조 두 순

◉ 간경도감(刊經都監)

세조 때(1461) 불경을 언해(諺解 ; 번역)·간행하기 위해 설치한 기관이

Ｑ 지적재산권을 크게 두 부분으로 구분하면?

다. 세종이 지은 불교찬가 「월인천강지곡」과 「아미타경」·「금강경」 등 언해 불경은 중세 국어연구에 귀중한 자료이다.

◉ 계유정난(癸酉靖難)

조선조 세종을 이은 문종이 일찍 죽고 단종이 즉위하자 수양대군이 어린 조카 단종, 그를 보좌하던 김종서·황보인 등을 살해하고 동생 안평대군을 축출, 권력을 장악하기 위해 일으킨 정변을 말한다. 정인지·한명회 등은 정난공신(靖難功臣)이 되었으며, 성삼문·박팽년 등 소위 사육신은 단종 복위운동에 실패했다.

◉ 사육신(死六臣)

계유정난 뒤에 수양대군의 왕위찬탈에 의분을 느낀 집현전 학사들이 단종 복위운동을 꾀하였다가 실패한 일이 있다. 이때 실패하여 처형당한 성삼문·박팽년·하위지·유응부·유성원·이개 등을 사육신이라 한다.

▸ 생육신(生六臣) : 명분을 중히 여겨 벼슬을 거부, 절개를 지킨 김시습·원호·이맹전·조여·성담수·권절 또는 남효은 등을 말한다.

◉ 4대 사화(四大士禍)

조선시대에 훈구·사림학파의 대립으로 많은 선비들이 화를 입은 네 가지 큰 사건으로, 무오사화·갑자사화·기묘사화·을사사화를 말한다.

사 화	발　　단	가 해 자	피 해 자	피 해 측
무 오 사 화 (연산군 4년)	훈구파와 사림파 대립, 조의제문을 사초(史草)에 실어 훈구파의 반감을 삼	유자광 이극돈 윤필상	김종직 김일손 김굉필	사 림 파
갑 자 사 화 (연산군 10년)	궁중과 부중의 대립, 윤비(연산군 생모) 폐비사건에 대한 보복	연산군 임사홍	윤필상 정여창 한명회	훈 구 파 사 림 파
기 묘 사 화 (중종 14년)	사림파 영수인 조광조의 과격정치, 위훈 삭제 사건	남곤 심정 홍경주	조광조 등 75 기묘명현	신진사류
을 사 사 화 (명종 원년)	왕실 외척(대윤·소윤)의 정권 다툼	윤원형 등 소윤	윤임 등 대윤	대 윤 파 신진사류

IIII▶ 사림파와 훈구파 : 고려 말 정몽주 · 길재로 거슬러 올라가는, 경학(經學)을 중시하는 성리학자들인 사림파는 성종 때 새로운 정치세력으로 등장, 그때까지 권력을 잡고 있던 사장(司章) 중심의 훈구파와 대립하게 되었다.

예론 사화의 내용과 연대에 대한 문제가 출제됨

● 중종반정(中宗反正)

연산군 12년(1576), 무오사화 · 갑자사화를 일으켜 많은 선비를 죽이고, 경연(經筵)과 대제학(大提學)을 폐하였으며, 성균관을 폐해 오락장소를 만드는 등 폭정을 일삼던 연산군을 박원종 · 성희안 등이 몰아내고 진성 대군(晋城大君 ; 中宗)을 왕으로 추대한 사건을 말한다.

● 백운동 서원(白雲洞書院)

조선 중종 38년(1543)에 풍기 군수로 있던 주세붕이 고려 유신 안향을 모시기 위해 세운 우리나라 최초의 서원이다. 이 서원은 뒤에 이황이 풍기 군수로 부임하여 조정에 건의해 왕이 친필로 소수서원(紹修書院)이라는 액(額)을 하사하여, 사액서원(賜額書院)의 시초가 되었다.

IIII▶ 서원의 폐해로 1871년 대원군이 서원을 철폐할 때에도 철폐를 면한 47 서원 중의 하나로 지금도 옛 모습을 간직하고 있다.

● 향약(鄕約)

조선 중종 때 조광조에 의해 실시된 향촌(鄕村)의 자치 규약으로, 덕업상권(德業相勸) · 과실상규(過失相規) · 예속상교(禮俗相交) · 환난상휼(患難相恤)이 그 기본강령이다. 중국 송나라 때의 여씨향약(呂氏鄕約)을 본뜬 것이며, 권선징악 · 상부상조의 정신을 주로 한 향약을 간행 · 반포했으나, 법적인 구속력이 없어 실패했다.

IIII▶ 향약은 서원과 함께 사림의 지위를 굳혔는데, 조광조에 의해 실시된 후 이황(예안향약) · 이이(서원향약)에 의해 만들어졌다.

 Q 한 국가가 공산화되면 인접국도 공산화되기 쉽다는 이론은?

3포 왜란(三浦倭亂)

조선 중종 5년(1510)에 왜인들이 3포(三浦 ; 세종 때 개항)에서 일으킨 살인 · 방화사건을 말한다. 부산 첨사 이우증의 부산 거주 왜인 학대, 웅천 현감의 왜인 식리(殖利) 금지 등을 이유로 쓰시마의 도주(島主)가 군사 300으로 쳐들어와 이우증을 죽이고 웅천성을 점령하였다. 조정에서는 즉시 황형과 유담년을 보내 난을 평정하고 임신약조를 맺어 교역량을 제한했다.

임진왜란(壬辰倭亂)의 3대첩

조선 임진왜란 때 왜적을 무찔러 크게 이긴 3대 싸움을 말한다.

1. **한산도대첩(閑山島大捷)** : 임진년(1592) 7월, 이순신 장군이 이끄는 연합함대는 한산도 앞바다에서 전세를 만회하기 위해 총공격을 해오는 왜선을 전멸(60척 침몰), 제해권을 잡았다.
2. **행주대첩(幸州大捷)** : 1593년 2월 전라순찰사 권율이 서울 수복을 위해 북상하다가 행주산성에서 왜적을 크게 쳐부수어 승리한 싸움을 말한다. 이때 동원된 부녀자들이 긴 치마(행주치마 유래)로 돌을 날라 석전(石戰)을 벌인 것이 유명하다.
3. **진주성(晋州城) 싸움** : 1차 혈전은 1592년 10월, 3만의 왜군 연합부대가 공격해 왔으나 진주 목사 김시민이 끝까지 이를 고수하였으며, 이 때 의병 곽재우가 합세, 왜군을 물리쳤다. 2차 혈전은 1593년 6월, 왜군이 1차전의 패전을 설욕하고자 대군으로 공격, 의병 고종후 · 강희열 등이 참가하여 항전하다 전원 전사하였다.

▸ 이순신의 3대첩 : 임진년의 한산도대첩, 정유년의 명량대첩 · 노량대첩이다. 거북선이 최초로 출현한 전투는 사천(泗川)해전이며, 이순신은 노량대첩에서 전사, 조국을 사수(死守)하였다.

예문 임진왜란의 3대첩과 이순신의 3대첩. 거북선이 최초로 사용된 전투 등에 대한 문제가 자주 출제됨

대동법(大同法)

선조 때 이이가 주창했으나 채택되지 않았고, 광해군 때 이원익 · 한백겸의 주장으로 현물로 바치던 공물을 쌀로 바치도록 한 대공수미법(代貢收米法)을 말한다. 인조 때 임진왜란 후의 국가재정을 위해 경기도에서 처음으로 실시했으며 선혜청에서 관장하였다. 그 후 숙종 34년(1708)에는 평안도 · 함경도를 제외한 전국에 실시하였으며, 대동법 실시 결과 상공업 · 화폐의 발달을 가져왔다.

▶ 선혜청(宣惠廳) : 선조 때 설치되어서 대동미(大東米)와 베, 돈의 출납 등을 맡아보던 관청이다.
예문 대동법의 내용과 실시 후의 영향에 대한 문제가 출제됨

비변사(備邊司)

조선 중기에 왜구와 여진족이 자주 침입하자, 국방력을 강화하고 변방을 방어하기 위해 설치되었으나, 그 뒤 강화되어 조선시대 군국(軍國)의 사무를 맡아 처리하는 관청이 되었다. 중종 때는 변방에 변이 일어날 때마다 임시로 설치하곤 하였으나, 명종 10년 을묘왜변을 수습하는 과정에서 일품아문으로 발족되었다. 임진왜란 때부터는 그 기능이 확대되어 조정의 중추기관으로 변모, 의정부를 대신하여 사실상 국가최고기구가 되었다.

▶ 고종 2년에 대원군에 의해 폐지되었다.

인조반정(仁祖反正)

광해군 15년(1623), 정통 성리학의 계승을 자부하는 서인(西人)인 이서, 이귀, 이괄 등이 인목대비와 공모하여 유교윤리에 저촉되는 패륜행위를 저질렀다고 해 광해군을 몰아내고 능양군(綾陽君) 종(倧 ; 인조)을 왕으로 옹립한 정변을 말한다. 새로 집권한 서인세력은 광해군의 중립외교정책을 지양하고 친명반금(親命反金)정책을 취했는데, 이것은 정묘호란(丁卯胡亂)의 원인이 되었다.

▶ 광해군은 중국의 새로운 세력인 후금과 명 사이에서 실리적인 중립외교 노선을 채택, 이것이 명분을 중시하는 서인들의 반발을 일으켰다.

 Q 오륜기가 최초로 사용된 대회는?

● 병자호란(丙子胡亂)

조선 인조 5년 정묘호란 때 형제관계와 중립외교를 조건으로 철군했던 후금이 국호를 청(淸)으로 바꾸고 황제라 칭하면서(稱帝建元) 형제관계를 군신관계로 바꾸도록 강요하자, 이에 격분한 조선정부가 임전태세를 강화함으로써 일어난 전쟁이다. 청 태종이 10만 대군을 이끌고 침입, 실리를 취하는 주화파(主和派 ; 강화주장) 최명길을 통하여 삼전도(三田渡 ; 지금의 松坡)에서 굴욕적인 항복을 하도록 하였다.

▎▶ 3학사(三學士) : 청과의 굴욕적인 화친에 반대, 청에 볼모로 잡혀가 죽은 척화파(斥和派 : 강화 반대) 홍익한 · 윤집 · 오달제 등 세 사람을 말한다.

● 하멜 표류기

조선 효종 4년(1653) 제주도에 표류해 온 네덜란드인 하멜(Hamel)이 14년 동안 억류되었다가 귀국한 후 쓴 견문기록이다. 그중 「조선국기」는 조선의 지리 · 풍속 · 산물 · 정치 · 교역 등 조선의 사정을 유럽에 알린 최초의 기록물로서, 역사적으로 중요한 자료가되고 있다.

▎▶ 인조 때 표류한 네덜란드인 벨테브레(Weltevree)는 우리나라에 귀화, 박연이라는 이름으로 살았다.

● 백두산 정계비(白頭山定界碑)

조선 숙종 38년(1712), 백두산 천지(天池) 동남방 약 4km 지점에 서로는 압록강, 동으로는 토문강을 경계로 한다는 내용이 있는데, 후에 토문강의 위치를 둘러싸고 간도귀속문제가 일어났다.

▎▶ 토문강을 청은 두만강으로, 조선은 만주 송하강 상류의 토문강이라고 주장하였다.

● 실학(實學)

조선조 후기인 17, 8세기에 나타난 근대지향적이고 실증적인 학문이다. 당시 권력을 잡은 사림의 '도덕적 명분강조 · 화이론(華夷論) 주장 · 기술문화 천시' 의 성리학적 문화와 정치의 한계를 극복, 정신문화와 물질문

화를 균형 있게 발전시켜 부국강병과 민생안정을 도모하는 실천적 학문
이자 철학이다. 성리학 이외에 서양학문(淸을 통한)을 폭넓게 수용하고
있다.

▮▮▶ 다산 정약용의 대표적인 저술로는 「목민심서」– 지방관 명심사항에 대해, 「경세유표」– 중앙행정
에 대해, 「흠흠신서」 – 형사정책에 대해의 3부작 외에 '탕론(역성혁명)', '전론(토지개혁론 ; 여전
제 · 정전제 주장)' 의 논설이 있다.

〔예문〕 실학의 내용과 학자들 및 집대성자인 정약용의 저서에 대한 문제가 출제됨

■ 실학의 발달 ■

경세치용학파(중농파)	이용후생학파(중상파)
실학의 선구자 : 이수광 「지봉유설」 실학의 체계화 : 유형원 「반계수록」 실학의 학파 형성 : 이익 「성호사설」 실학의 집대성자 : 정약용 「목민심서」	유수원 「우서」 홍대용 「담헌서」 박지원 「연암집」 박제가 「북학의」

● 균역법(均役法)

조선 영조 때 신만(申晩)의 건의로 군역을 평준화하고 백성의 부담을 덜기
위하여 실시한 조세 제도로, 군포를 반으로 줄였다. 종래 군역이 면제되었
던 일부 상류층에게 선무군관이라는 이름으로 군포 1필을 부과시켰으며,
그리고도 부족한 부분은 어업세 · 염세 · 선박세 · 결작(結作) 등을 징수하
여 보충, 균역청을 설치해 이를 관할했다. 그러나 관리의 부패로 농촌의
피폐를 초래해 19세기에는 이른바 '3정 문란' 요인의 하나가 되었다.

▮▮▶ 삼정(三政) 문란 : 전정 · 군정 · 환곡의 문란으로, 대표적인 것으로는 전정에 은결 · 진결 · 도결,
군정에 족징 · 백골징포 · 황구첨정 · 인징, 환곡에 늑대 · 분석 · 허류가 있다. 안동 김씨 등의 세도
정치로 극에 달한 관리의 부정부패와 함께 3정의 문란은 극에 달했으며, 농민생활은 파탄에 이르
러 양민이 도적떼에 들어가기도 했다(임꺽정의 난).

● 삼정(三政)

조선 후기 국가재정의 근원이 된 전정(수세행정) · 군정(군포) · 환곡(대
여양곡)의 세 가지를 말한다. 전정은 토지에 따라 세를 받아들이는 것이

Q 아그레망(agrement)이란?

고, 군정은 군역(軍役) 대신에 베 한 필씩 받아들이는 것이며, 환곡은 빈민의 구제책으로 봄에 곡식을 빌려주었다가, 가을에 1/10의 이자를 합쳐 받는 것이다.

◉ 객주(客主)

객상주인(客商主人)이란 뜻으로, 고려시대부터 우리나라에 있었으나 특히 조선시대 후기(17~18세기)에 크게 발달한 상업 · 금융 기관의 하나이다. 객주에는 보행객주와 물상객주 2종류가 있는데 보행객주는 숙박업 등을 했으며 물상객주는 상업 · 금융기관으로서 중요한 기능을 가진다. 주요업무는 상품의 매매이며, 창고업 · 위탁판매업 · 운송업도 취급했다.

예문 객주가 무엇인지를 묻는 문제와 객주 취급 업무를 묻는 문제가 출제됨

◉ 탕평책(蕩平策)

조선 영조가 약화된 왕권을 강화하고 정국의 안정을 기하기 위해 실시한 정책으로 사색(노 · 소 · 남 · 북) 당인을 고루 등용하여 불편부당을 지향한 시책이다. 정조도 이를 계승했으나, 당쟁을 뿌리뽑지는 못했다.

⟹ 붕당의 폐해를 막기 위해 탕평비(성균관 입구)를 세우기도 했다.

◉ 규장각(奎章閣)

조선 정조 때 궁중에 설치한 왕립 도서관 겸 연구소인 관아로, 역대 국왕의 시문 · 친필 · 서화 · 유교 등을 관리 · 보관하던 곳이다. 인재를 등용, 학문을 연구하고 경사를 토론케 하여 정치의 득실을 살피는 한편, 외척 · 환관의 세력을 눌러 왕권을 신장시키고, 문예 · 풍속을 진흥시켰다.

⟹ 정약용 · 박제가 등도 규장각에 등용되어 학술활동을 폈다.

◉ 신해사옥(辛亥邪獄)

조선 정조 15년(1791) 신해년(辛亥年)에 일어난 최초의 천주교 박해사건이다. 천주교를 사학(邪學)으로 단정하여, 천주교 서적의 수입을 엄금하

고, 교도인 윤지충 · 권상연 등을 사형에 처하였다.

▶ 윤지충과 권상연은 조상의 신주를 매장하고 사당을 없애 큰 물의를 일으켰다.

● 신유사옥(辛酉邪獄)

조선 순조 때 노론 벽파가 득세하여 천주교도에게 박해를 가한 사건으로, 계속된 기해사옥 · 병인사옥과 더불어 천주교박해 3대 사옥을 이룬다. 이때 이승훈 · 이가환 · 정약종 등 남인 학자와 청나라 신부 주문모가 사형 당했다. 이에 신자인 황사영은 베이징의 서양인 주교에게 사건의 전말을 보고하는 서한을 비단에 써보내려다 발각, 처형되었다. 이를 백서사건(帛書事件)이라 한다.

▶ 척사론(斥邪論) : 정학(正學 ; 正道)인 주자학을 지키고 사도(邪道)인 천주교를 물리치자는 주장을 가리킨다. 천주교의 전파는 조선조의 유교주의 질서에 위기의식을 불러 일으켰으므로 이의 극복을 위해 대두된 것이다. 한편 종교적으로는 동학(東學)이 일어나게 된 배경이 된다.

● 홍경래(洪景來)의 난

조선 순조 11년(1811), 서북인(西北人)에 대한 차별 대우, 당쟁과 세도정치로 도탄에 빠진 민생, 평안도 지방의 큰 흉년, 탐관오리의 횡포 등의 원인으로 홍경래를 중심으로 관서지방(關西(地方)에서 일어났던 민란을 말한다. 몰락양반 · 중소상인과 광산에서 모여든 유랑농민이 합세했으며, 이를 계기로 많은 민란이 발생했다.

● 당백전(當百錢)

조선 고종 때 왕실의 권위를 회복하고 국가 위신을 높이기 위해 대원군은 경복궁을 중건했는데, 이때의 소요경비 조달을 위해 발행한 화폐로 악화이다. 이 화폐는 물가앙등과 경제적 혼란을 초래하여 발행한 지 2~3년 만에 폐지되었다.

▶ 당백전 발행 이외에 원납전을 강제 징수하고, 4대문 통행세를 받았으며, 결두전이라는 임시세를 만들었다.

쇄국정책(鎖國政策)

조선 26대 고종 때 대원군이 실시했던, 열국에 대해 문호를 굳게 닫고 외국과의 교역을 엄금했던 정책을 말한다. 영국·프랑스·미국 등 구미열국의 신세력이 몰려들자 대원군은 청국을 제외하고는 엄중한 쇄국정책을 고수하여 척양척사(斥洋斥邪)와 척왜(斥倭)를 견지하였다. 이로 인해 대륙 진출에 지장을 받은 일본에서 정한론(征韓論)이 대두되기도 했다. 쇄국정책은 강력한 척화론과 서양문물에 대해 유교문화전통을 존중하는 우리 민족의 문화적 자부심을 강화시켜왔던 대원군의 하야(下野)와 운요호 사건으로 끝났으며, 일본과 수호조약을 맺은 후 문호를 개방하였다.

▪▪▶ 대원군의 정책 : ① 대외 – 쇄국정책 추진, ② 대내 – 전제왕권 강화,
　　　　　　　　　③ 민생 – 중농적인 실학사상 계승

병인양요(丙寅洋擾)

조선 고종 3년인 병인년(1866), 프랑스 선교사 살해 책임을 묻는다는 구실 아래 프랑스 극동함대의 로즈(Rose) 제독이 침범, 이를 격퇴시킨 사건이다. 대원군이 천주교도를 학살하자, 프랑스 신부 리델(Ridel)이 탈출하여 프랑스 파견함대에 이 사실을 보고, 프랑스 함대가 강화도를 공격·점령했으나, 대원군의 항전의지와 이항로의 척사론, 양헌수 등의 분전으로 40여 일 만에 격퇴되었다. 이 사건 뒤 대원군의 천주교 탄압은 더욱 심해졌으며, 쇄국정책도 강화되었다.

▪▪▶ 이때의 서양 여러 나라들은 산업혁명을 거쳐 근대 자본주의 국가로 성장, 상품시장과 원료 공급지를 구하기 위해 아시아로 진출하고 있었다.

신미양요(辛未洋擾)

조선 고종 8년(1871), 미국 군함이 강화도에 침입하여 제너럴 셔먼호 사건의 책임을 묻고 통상을 요구, 격퇴 당한 사건을 말한다. 병인양요 바로 전에 대동강에서 미국상선 제너럴 셔먼호가 통상을 요구하다가 불살라진 사건이 있었다. 이에 대한 문책을 구실로 통상을 요구, 군함으로 공격

해왔으나 강화 수비군의 완강한 저항으로 격퇴되었다.

▸ 척화비(斥和碑) : 대원군이 병인양요와 신미양요에서 양이를 물리친 후, 쇄국정책을 더욱 강화하기 위하여 서울 종로와 전국 요충지에 세우게 한 비(碑)이다.

● 운요호사건(雲揚號事件)

조선 고종 12년(1875), 쇄국을 고집하던 대원군이 하야 하자 일본은 그들이 미국 등으로부터 당한 전례를 모방, 미리 계획했던 대로 군함 운요호를 출동시켜 한강으로 들어와 강화도 수병과 충돌하였다. 다음해, 일본은 군함을 강화도에 파견, 포함외교를 펴면서 이 사건에 대한 사죄와 함께 통상요구를 강요해 강화도조약을 체결했다.

예론 서양세력이 침투한 의도와 우리나라의 개국과정에 대한 문제가 출제되니 연계하여 이해할 것

● 강화도조약(江華島條約)

조선 고종 13년(1876) 일본의 구로타와 신헌 사이에 맺은 수호조약이다. 외국과 맺은 최초의 수호조약이며 불평등조약으로 이후 다른 열강과의 조약체결에도 거의 적용되었다. 부산·인천·원산 등 3항을 개항하도록 규정하는 이 조약은 통상교역의 목적을 넘어 한반도에 정치적 군사적 거점을 마련하려는 일본의 침략의도가 드러나 있다.

▸ 강화도조약의 특징 : ① 일본의 침략적 의도,　② 최초의 근대적 조약,
　　　　　　　　　　　③ 불평등조약,　　　　　④ 외세침투의 발판

● 신사유람단(紳士遊覽團)

조선 고종 18년(1881)에 개화운동의 전개로, 일본에 보내어 새로운 문물제도를 견학하게 한 시찰단을 말한다. 일본과 강화도조약을 맺고 개국한 뒤 외국의 신문화를 받아들이기 위한 것으로, 박정양·어윤중 등 10여 명으로 구성되었다. 이들은 도쿄·오사카 등지의 군사·산업 시설 등을 시찰하고 돌아왔다.

▸ 개국과 함께 활발히 전개된 개화운동은 1876년의 제1차 수신사(김기수)를 비롯해 청의 문물을 견학한 영선사(領選使 ; 김윤식)가 있었다.

　Q 백서(白書)란?

● 임오군란(壬午軍亂)

조선 고종 19년(1882), 당시 실질적 세력이던 민씨일파의 차별대우에 불만을 느낀 구식군인들이 일으킨 변란이다. 신식군대 별기군(別技軍)의 양성과 군제개혁으로 인해 민씨일파에 대한 불만이 쌓여 있던 차에 13개월이나 밀렸던 급료를 모래 섞인 쌀로 받게 되자, 불만이 폭발하여 발생한 난으로 군졸들은 일본 공사관을 습격하는 한편 민겸호 등 민씨일파를 죽였다. 대원군은 이 난을 수습하고 재집권하였으나 청의 내정간섭으로 청으로 압송되고 민씨일파가 다시 집권했다. 이 사건을 계기로 일본과 제물포조약이 체결되었다.

▶ 제물포조약(濟物浦條約) : 임오군란 이후 일본과 맺은 조약으로 일본 경비군의 조선 내 주둔이 실현되어 일본이 그 세력 기반을 굳혔다. 제물포조약에 의해 일본에 사절단을 파견할 때 박영효가 일본에서 처음으로 태극기를 사용했다.

● 갑신정변(甲申政變)

조선 고종 21년(1884)에 청의 지나친 내정간섭과 민씨세력의 사대적 경향을 저지하고 자주 독립국가를 이룩하려는 의도 아래 개화당의 김옥균·박영효 등이 중심이 되어 일본의 힘을 빌려 우정국(郵政局) 낙성식에서 일으킨 정변이다. 신정부는 청의 간섭으로 3일만에 무너지고, 김옥균·박영효 등은 일본으로 망명하였으며, 이 사건을 계기로 일본과 한성조약이 체결되었다.

▶ 갑신개혁의 골자 : ① 사민 평등(신분제 혁파), ② 재정의 일원화(호조), ③ 순검제 실시(근대 경찰), ④ 관제 개편(근대 국가), ⑤ 지조법 개혁(세제 개혁)

● 한성조약(漢城條約)

갑신정변으로 인한 일본인 피해자에게 배상금을 지불하고, 일본 공사관 재건비를 부담케 하는 등 일본제국주의가 식민지적 기반을 닦는 데 박차를 가한 조약이다.

● 광혜원(廣惠院)

조선 고종 22년(1885)에 정부 지원으로 미국인 선교사 알렌(Allen)이 창설한 우리나라 최초의 신식 의료기관이다. 통리교섭아문(統理交涉衙門)의 관리 하에 지금의 서울 재동에 세웠다.

▶ 뒤에 제중원(濟衆院)으로 고쳤다.

● 위정척사운동(衛正斥邪運動)

문호개방 이후 전통사회의 질서유지를 위해 외래 자본주의 세력(서양세력)을 배척하고, 일본의 침략을 규탄하며 배일사상을 고취시킨 움직임을 말한다. 성리학의 주리론(主理論)에 근거한 것으로 조선 후기의 대표적인 성리학자 이항로계의 유생들에 의해 주도되었다. 척사운동은 개화에 반대하는 입장에서 주장되었으나, 전통 속에 자주의식을 살리면서 국력을 키워야 한다는(부국강병 · 민생안정) 우리 민족사상의 한 흐름으로 항일의병활동을 활성화시킨 힘이 되었다.

▶ 한말의 3대 사상 : 척사사상 · 동학사상 · 개화사상으로, 척사사상은 위정척사운동과 의병투쟁의 정신적 배경이 되었고, 동학사상은 동학운동, 개화사상은 갑신정변과 독립협회 활동의 뒷받침이 되었다.

● 방곡령(防穀令)

조선 고종 26년(1889) 일본의 식량 및 자원 침탈이 심해지자 함경도 감사 조병식이 식량난을 막기 위해 곡물의 일본 수출을 금지한 일종의 미곡수출금지령이다. 일본의 경제적 침략으로 일어나는 경제파탄을 막기 위해 취해졌으나 절차상의 문제를 내세운 일본의 강요로 오히려 배상금을 물어야 했다.

▶ 경제침략으로 가장 큰 피해를 입은 것이 농민이었으나, 어민들도 일본의 어로협정으로 막대한 피해를 보았다.

 Q 우리나라 최초의 신체시는?

● 동학운동(東學運動)

고종 31년(1894)에 교조신원운동 실패, 전라도 고부(高阜) 군수 조병갑의 착취(만석보 수세문제 등)로 동학교도 전봉준이 중심이 되어 일어난 반제(反帝)·반봉건의 성격을 띤 농민전쟁이다. '제폭구민', '보국안민', '척왜양이'의 기치를 내걸고, 동학의 교단조직과 농민의 저항의식으로 단합된 농민군은 전주성을 점령, 일종의 자치기구였던 '집강소'를 두고 12개조의 폐정 개혁안을 발표했다. 역사상 처음 시도된 아래로부터의 혁명운동이었으나 외세(淸·倭)의 개입으로 실패, 그 결과 갑오경장과 청일전쟁이 일어났다.

▥▶ 폐정개혁 12개조 중 중요 개혁안 : 탐관오리·횡포한 부호 엄벌, 노비문서 소각, 과부 개가 허용, 무명잡세 일체 폐지, 공사채 면제, 토지분배, 왜와 통하는 자 엄징 등.

▣ 동학운동의 원인·결과·성격, 폐정개혁 12개조의 내용 등을 묻는 문제가 출제됨

● 갑오경장(甲午更張)

청일전쟁 이후 동학군을 진압한 일본의 강압으로 김홍집을 수반으로 하는 내각이 실시한 정치·경제·사회·문화 전반에 걸친 근대적 개혁이다(1894). 개혁의 내용은 청나라와의 모든 조약의 파기, 개국기년(開國紀年)사용, 관제개혁, 과거제폐지, 세제개혁, 은본위제 채택, 계급타파, 노비제폐지, 조혼금지, 신교육령 실시, 도량형 통일 등이다. 이와 같은 갑오경장은 조선 개국이래 500년을 이어온 구제도를 일신한 제도상의 근대적 개혁으로서의 성격을 지니고 있으나, 일본의 침략적 의도에 따라 강행된 타율적인 개혁이었다. 또 일본의 자본주의가 침투할 수 있는 계기를 마련해 주었고, 이와 함께 친러세력이 등장하여 을미사변을 일으키는 결과를 낳았다.

▥▶ 개혁의 침략성 1. 군대 양성문제 거론되지 않음.
　　　　　　　　　2. 연호사용 등 청의 종주권 부인.
　　　　　　　　　3. 화폐·도량형 정리는 일제의 경제침략을 도움.

▣ 개혁의 내용과 그 성격을 묻는 문제가 출제됨

● 홍범14조(洪範十四條)

갑오경장 후 개혁의 정신을 명문화하기 위해 고종이 발표한 14개 조항의 정치 기본강령으로, 우리나라 최초의 헌법적 성격을 띤 것이다. 자주독립, 종실과 외척의 정치참여 배제, 예산 편성·지방관제 개혁·입법·인재 등용 등을 내용으로 하고 있다.

[예문] 우리나라 헌법의 효시는? 등으로 출제됨

● 을미사변(乙未事變)

조선 고종 32년(1895), 일본의 간섭을 물리치려던 민씨 중심의 정부는 친러정책으로 전환했으며, 이에 일제가 친(親) 러시아 세력을 제거하기 위하여 일본인 자객을 궁궐에 침투시켜 민비를 시해한 사건을 말한다. 친러파를 축출한 일본은 친일내각(4차 김홍집 내각)을 세우고 을미개혁을 단행, 태양력과 종두법 실시, 연호 사용, 그리고 단발령을 내렸다.

▶ 을미사변 후 민비시해와 단발령으로 배일운동이 거세게 일며 의병운동이 치열하게 전개되었다. 이를 을미의병이라 한다.

● 의병운동(義兵運動)

구한말의 반외세 구국항전의 의병활동은 개화에 반대하는 입장에서 주장된 척사론에 뒷받침되어 일어났다. 구한말 의병운동은 다음과 같이 3기로 나눌 수 있다. 제1기는 민비시해와 단발령의 실시에 대한 저항이었고(을미의병), 제2기는 1905년 을사조약 체결로 외교권이 박탈된 뒤 일어난 국권의 회복운동이었으며(을사의병), 제3기는 고종황제의 퇴위와 군대해산에 대한 항쟁이었다(정미의병). 제2기부터는 반외세에 반봉건의 경향까지 띠고 있었으며, 국권이 강탈당한 1910년 이후부터 의병활동은 지하로 스며들거나 만주·러시아 등 국외에서 독립군 또는 광복군으로 독립투쟁을 전개하였다.

▶ 우리나라 역대 의병
1. 몽고침입 : 노예·초적의 무리

Q 핀치 히터(pinch hitter)란?

2. 임진왜란 : 선비 · 승려 · 농민
3. 한말의병 : 신분 · 계급 초월(한말 의병에는 승려가 없으며 특히 신돌석 등 평민 의병장이 출현함)

● 아관파천(俄館播遷)

민비가 시해된 을미사변으로 3국간섭이 시작된 후 친일정권을 전복시키기 위하여 국왕의 신변보호를 구실 삼아 친러파 이완용 · 이범진 등이 러시아 공사 베베르(Waeber)와 결탁, 고종을 러시아 공사관으로 옮긴 일을 말한다(1896년). 고종이 약 1년 간 러시아 공사관에 머무는 동안 러시아는 황제의 주권행사를 방해하고, 부패관리를 통해 각종 이권을 빼앗아갔다.

● 독립협회(獨立協會)

조선 고종 33년(1896)에 서구의 근대사상과 개혁사상을 깨우친 서재필 · 안창호 · 이승만 · 윤치호 등이 독립정신을 고취하기 위해 만든 정치적 색채를 띤 자주독립 · 자강개혁 · 민권운동을 그 성격으로 하는 사회단체이다. 독립문 · 독립관을 세우고 독립신문을 발행했으며, 상소형식으로 자주호국선언을 하였다. 황국협회의 방해공작 등으로 1899년에 해산되었다.

▸ 황국협회 : 보수적 집권층이 독립협회의 급진적인 개혁 활동에 대항하기 위해 홍종우 · 길영수 등을 이용, 보부상들을 끌어넣어 조직한 어용단체이다.

● 만민공동회(萬民共同會)

자주호국선언에 이어 독립협회는 최초의 군중대회라고 할 집회를 종로광장에서 열었다. 이 만민공동회에서 정부의 외세 의존적인 태도와 자세를 규탄하고, 개혁안 6조를 결의하여 국정의 자주노선을 요구했다. 그리고 입헌의회 설치를 주장해 우리 역사상 최초로 의회민주주의 사상을 제창했다.

▸ 개혁안 6조의 내용은 외국과의 이권계약은 신중히 할 것, 중대범죄의 공판 · 언론 · 집회의 자유를 보장할 것, 민회(하원)를 설치할 것 등이다.

● 대한제국

1897년 고종은 아관파천 1년 만에 경운궁(현재의 덕수궁)으로 돌아와 국호를 대한제국, 연호를 광무(光武)라 고치고, 왕을 황제라 칭하고 자주국가임을 내외에 선포했다. 그리고 근대적 개혁을 시도, 관제를 개혁하고 경제 · 사회적인 자강운동을 전개했다. 이를 광무개혁이라 한다.

➠ 대한제국은 근대국가로의 발전을 기약, 관제를 개혁하고 자강운동을 벌였으나 외세의 개입과 내부의 파쟁으로 성공을 거두지 못했다.

● 일진회(一進會)

조선 말기 송병준과 이용구가 일본의 사주를 받아 만든 친일단체로서, 1909년 한일합방을 주장하는 등 매국적인 행위를 했다.

➠ 일진회의 매국행위에 항거한 단체가 헌정 연구회였다.

● 한일의정서(韓日議定書)

1904년(광무 8) 2월, 러일전쟁에 앞서 일본이 새로운 한 · 일관계의 강화를 시도, 강압적으로 체결한 조약이다. 이 조약은, 한국은 일본의 전쟁수행에 협력할 것 등 몇 가지를 규정하였는데, 이로써 일본군은 한국에서 군사기지를 자유롭게 이용할 수 있게 되었으며 한국은 일본의 내정간섭의 충고를 받아들여야만 했다.

➠ 러일전쟁이 발발하자 대한제국이 선언한 국외중립은 무너지고, 한 · 러 간에 맺은 모든 조약 · 협정은 폐기되었다.

● 일제의 침략

1904 – 한일의정서 – 내정간섭　　1907 – 정미7조약 – 차관정치
1904 – 1차 한일협약 – 고문정치　　1909 – 기유각서 – 사법권감찰
1905 – 을사조약 – 보호정치　　　　1910 – 한일합방 – 총독정치

 Q Hot Line이란?

● 을사조약(乙巳條約)

1905년, 러일전쟁에서 이긴 일본은 포츠머스 조약으로 한국에서의 우위권을 인정받은 후, 조선을 보호국으로 만들기 위해 이토를 앞세워 조약을 체결, 한일합방의 기초를 이루었다. 이 결과 우리나라는 주권을 상실하고 외교권을 박탈당했으며, 일본은 서울에 통감부(統監府)를 두고 보호정치를 실시하게 되었다. 이를 을사보호조약 · 을사오조약 · 제2차 한일협약이라고도 한다.

▸ 을사 5적(乙巳五賊) : 조약체결 때의 다섯 매국노 박제순 · 이완용 · 이지용 · 이근택 · 권중현이며, 당시 한국 외무대신 박제순과 일본 특명전권공사 하야시 사이에 체결되었다.

● 헤이그 밀사사건(Hague 密使事件)

을사조약에 의하여 대한제국의 외교권이 일제에 박탈당한 뒤, 이토가 초대통감이 되어 외교뿐 아니라 내정까지도 관장했다. 고종은 1907년 6월에 네덜란드 헤이그에서 열리는 만국평화회의(萬國平和會議)에 이준 · 이상설 · 이위종 세 사람의 밀사를 파견했다. 그들은 국제정의 앞에 당시의 어려운 상황을 호소하고자 하였으나, 외교권이 없다는 이유로 본회의 참석이 거부되었다. 이 사건은 고종 양위(讓位)의 직접적인 계기가 되었다.

▦ 고종의 양위를 가져온 직접적인 사건은? 등으로 출제됨

● 국채보상운동(國債報償運動)

1907년(융희 1) 통감부 설치 후 식민지 시설을 갖추기 위해 일본에서 투입된 1,300만원(圓)의 차관을 갚기 위해 일어난 거족적 모금운동이다. 대구의 서상돈 등이 주동이 되고, 제국신문 · 황성신문 등이 지지하여 이 운동은 전국적으로 확산, 금연운동과 패물 등을 희사 받아 거액을 모았으나 통감부의 압력과 일진회의 방해로 중지되었다.

▸ 부녀자들까지 패물과 성미(誠米)를 거두는 등 거국적으로 전 민족이 참여했다.

◉ 신민회(新民會)

통감부는 보안법 · 신문지법 · 출판법을 만들어 탄압하는 한편, 앞잡이 단체로 일진회를 만들어 애국계몽운동을 교란시켰다. 이러한 상황에서 1907년, 안창호 · 이승훈 · 양기탁 · 신채호 등은 무모한 무력충돌을 지양하고 비밀결사를 통한 민족교육 실시, 자주의식 고취, 민족산업 육성, 국외독립운동 기지 등을 위한 기초를 다지는 데 앞장섰다. 이러한 방침에 따라 대성학교, 오산학교를 세우고, 태극서관과 도자기 회사를 설립 · 운영하였다.

▧▶ 신민회의 활동적인 투쟁은 1910년 105인 사건으로 간부들이 검거됨으로써 그 활동이 중지되었다. 105인 사건은 일제에 의해 날조된 사건으로 재판까지 벌였다.

〔예론〕 민족사학자 단재 신채호의 작품 및 저서와 그의 민족사관을 묻는 문제가 출제됨

◉ 동양척식회사(東洋拓殖會社)

총독부가 점탈한 토지를 일본 이민에게 불하해주기 위해 1908년에 설치한 회사이다. 토지수탈정책의 총본산이다.

◉ 3 · 1운동(三一運動)

1910년 군국주의 일본에 강제로 합병당한(경술국치) 이후, 미국 월슨(T. W. Wilson) 대통령의 민족자결주의에 자극을 받아 1919년 3월 1일, 손병희 등 33인이 고종 인산(因山 ; 국장)을 계기로 일으킨 전국적인 규모의 독립운동이다. 탑골(파고다) 공원에서 남녀학생과 시민이 운집하여 대한독립선언서를 낭독 · 살포하고 만세고창(萬歲高唱)을 하면서 평화적인 시위운동을 했다. 이 운동은 일제의 무자비한 탄압으로 비록 실패했으나 주체성 확립의 계기가 되었고, 국내외로 확산 · 파급되어 민족운동의 선구가 되었다.

▧▶ 2 · 8독립선언 : 3 · 1운동에 앞서 동경유학생 김도연 · 이광수 등이 도쿄 기독교청년회관에 모여 독립선언서와 결의문을 선포하고 시위를 전개했다.

 Ⓠ 선거의 4원칙은?

● 대한민국 임시정부

3·1운동 이후 상하이의 프랑스 조계에서 민족운동자들에 의해 조직 선포된 한국의 임시정부이다. 민족사적 정통성을 회복하고 근대적 정치의식에 의한 최초의 공화제 정부이다. 3·1운동 직후에는 상하이의 대한민국임시정부, 서울의 한성정부, 시베리아의 대한국민의회, 서·북간도의 군정부로 나뉘어 수립되었으나 1910년 통합정부를 이루었다.

➡ 임시정부는 임시 의정원과 국무원으로 구성된 최초의 민주공화정체로서 이승만을 국무원 총리로, 이동녕을 의정원 의장으로 해 출범했다.

● 청산리전투(靑山里戰鬪)

1920년 10월 북로 군정서군의 김좌진·이범석 등이 일본군 연대병력 이상을 청산리 계곡으로 유인하여 크게 이긴 싸움을 말한다. 독립군 사상자 약 150명에 일본군 사상자는 약 3,300명에 달해 세계의 이목을 집중시켰다. 대일(對日)항전에서 봉오동전투와 함께 가장 큰 성과를 거둔 무장독립전투이다.

➡ 봉오동전투 : 1920년 6월 일본군 대대병력이 기습해오자 한말 의병출신 홍범도 휘하의 대한독립군이 봉오동으로 유인, 500여 명을 사살, 승리를 거둔 전투이다.

● 물산장려운동(物産奬勵運動)

1923년 조만식을 중심으로 일어난 금주·금연 운동, 국산품애용운동 등 민족운동의 하나이다. 이를 이어 서울의 조선청년연합회가 주동이 되어 전국적 규모의 조선물산장려회를 조직, 국산품 애용·민족기업의 육성 등의 구호를 내걸고 강연회와 시위를 벌이며 민족경제 수호에 앞장섰다. 그러나 일제의 탄압으로 유명무실해지고 1940년에는 총독부 명령으로 강제해산 되었다.

➡ 이외에도 자작회(학생들 중심)·청년회·소년단·기생조합 등도 경제수호운동에 호응하면서 민족운동을 펴나갔다.

● 6 · 10만세운동(六十萬歲運動)

1926년 6월 10일, 순종 인산일(국장일)을 기하여 일어난 독립만세운동으로, 사전에 누설되어 실패했다. 격문내용은 ① 우리 교육은 우리 손에 맡기라, ② 일본제국주의를 타파하자, ③ 토지는 농민에게 맡기라, ④ 8시간 노동제를 택하라 등이었다.

● 광주학생운동(光州學生運動)

1929년 11월 3일, 광주에서 한 · 일 학생간의 민족감정의 폭발로 일어난 대규모 항일 학생운동이다. 이듬해까지 계속되었는데 학생뿐 아니라 일반인까지 합세해 전국규모의 독립운동으로 발전하였다.

▪▪▪▶ 참가 학교는 무려 194개교에 이르렀다.

● 신간회(新幹會)

1927년 단일화된 민족운동에 대한 노력이 추진되어 민족주의계와 사회주의계가 합작하여 조직한 항일단체이다. 이상재 · 허헌 등 지식인 30여 명의 발기로 서울에서 발족, 기회주의를 배격하며 민족의 단결과 정치적 경제적 각성을 촉구하고 한국어교육 · 신생활운동 · 민족본위의 교육을 주장하면서 일제에 항거했다. 3만의 회원으로 도지부까지 결성, 많은 활약이 있었으나 내부분열로 1931년 해산되었다.

▪▪▪▶ 근우회 : 신간회의 자매기관적 성격으로 김활란 · 유영준 등이 중심이 되어 여성단결을 통해 독립운동을 전개했다.

● 광복군(光復軍)

외교적 활동만 하고 있던 임시정부가 숙원사업인 정규군으로서의 광복군 창설을 계획한 것은 중일전쟁 이후로 김구 · 김규식 · 지청천 등이 신흥무관학교 출신 독립군과 중국 대륙에서 독립운동을 하고 있던 한국청년, 조선의용대 출신 청년들을 모아 충칭(重慶)에서 광복군을 창설하고 지청천이 총사령관에 취임했다. 광복군은 한말 의병투쟁과 이어진다.

 Q 오일 달러(oil dollar)란?

● 조선어학회 사건(朝鮮語學會事件)

1942년 10월, 일본어를 국어로 사용할 것을 강요하던 일제가 국어연구에 대한 탄압책으로 조선어학회 회원을 민족주의자로 몰아 검거 · 투옥한 사건이다. 이희승 · 김윤경 등은 투옥되고 이윤재는 순국하였다. 일제는 조선어학회를 비밀결사라고 허위 조작, 회원들에게 혹독한 고문을 감행했는데 8 · 15 해방을 이틀 앞두고 공소가 기각되었다.

▶ 조선어학회 : 일제의 탄압 아래에서도 우리말을 연구 · 보급해 온 학술단체이다. 국사연구를 위한 진단학회와 더불어 국학운동에서 중요한 역할을 했다.

● 모스크바 3상회의(三相會議)

1945년 12월, 모스크바에서 개최되었던 미 · 영 · 구소 3국의 외상회의이다. 종전 후의 문제처리에 관한 안건이 의제에 오르고, 얄타 협정에 의거한 한국의 독립문제 등이 토의되었다. 한반도에 5년 간의 신탁통치를 실시한다는 의견이 나와, 이 결정에 대해 온국민은 반탁운동을 전개했다.

▶ 12월 27일 체결된 모스크바 협정에서는 한국에 관해 미 · 영 · 구소련 · 중 4개국에 의한 최고 5개년간의 신탁통치, 미 · 구소련공동위원회 개최, 미 · 구소련 점령군 경계선인 38°선 문제 등이 확정되었다. 이 사실이 전해지자, 국내에서는 맹렬한 반탁운동이 전개되었다.

예문 해방을 전후하여 열린, 한반도 문제에 관련된 국제회합에 대한 문제가 출제됨

● 한국의 해방과 국제회합

회 합	연 대	내 용	대 표 국
카이로선언	1943	한국 독립 약속	미 · 영 · 중
테헤란회담	1943	연합국 상륙작전	미 · 영 · 구소련
얄타회담	1945	38도선의 설정	미 · 영 · 구소련
포츠담선언	1945	카이로 선언 재확인	미 · 영 · 구소련
모스크바3상회의	1945	5년 간 신탁통치 합의	미 · 영 · 구소련
미 · 구소련공동위원회	1946	한국 통일문제 토의	미 · 구소련

● 반탁운동(反託運動)

모스크바 3상회의에서 한반도에 대한 5년 간에 걸친 신탁통치를 결의하
자 거족적으로 일으킨 신탁통치 반대운동이다. 좌익은 처음에는 반탁운
동을 벌이다가, 갑자기 찬탁으로 돌변함으로써 좌 · 우 대립은 극도에 달
했으며, 국민의 반탁운동은 더욱 치열해졌다.

▐▐▶ 미 · 구소련공동위원회 : 한반도 문제를 해결하기 위해 서울 덕수궁에서 두 차례 열렸으나 아무런
성과도 거두지 못했다.

● 대한민국 정부수립(제1공화국)

1948년 7월 17일 초대 국회의 제헌의원들이 헌법을 공포하고 대통령에
이승만, 부통령에 이시영을 선출했다. 국회의장에 신익희, 대법원장에
김병로가 선출되어 1948년 8월 15일 대한민국 성립을 내외에 선포함으
로써 제1공화국이 출범했다. 이어서 12월 제3차 UN 소총회에서 한국 정
부는 48대 6의 압도적 다수로 유일한 합법정부임을 공인 받았으며, 50
여 개국의 자유우방국들로부터 지지를 받았다. 제1공화국은 1960년 4월
혁명으로 제2공화국이 탄생하기까지 존속했으며, 자유당이 정권을 담당
했다.

▐▐▶ 주요 연표

1910. 8. 29	한일합방조약
1919. 3. 1	기미독립선언
1919. 4. 17	대한민국 임시정부
1943. 11. 27	카이로 선언
1945. 2. 4	얄타회담
1945. 7. 26	포츠담 선언
1945. 8. 15	해방 · 국토분단
1945. 12. 26	모스크바 3상회의
1947. 9	UN임시위원단 파한(派韓)
1948. 5. 10	제헌국회의원 선거
1948. 7. 17	대한민국 헌법 공포
1948. 8. 15	대한민국 정부 수립

 Ⓠ 세종 2년 궁중에 설치한 왕립 학문연구소는?

◉ 제주도 4 · 3사건

1948년 4월 3일 미 군정의 토지개혁이 유상몰수 · 유상분배로 결정되자, 토지분배를 요구하는 농민들과 군인들이 합세하여 제주도에서 일으킨 사건을 말한다. 김달삼 · 조몽구 · 문상길 등이 주동이 되어 유엔위원단의 철수, 미 · 소 양군 철수, 민주개혁 등을 요구하며 시위를 일으켰다. 이 시위로 5 · 10총선거가 제주에서는 실시되지 못했으며, 이를 진압하는 과정에서 무고한 양민에 대한 학살이 자행되었고, 당시 제주인구 21만 명 중 3만 명(일부는 8만 명이라고 주장함)이 희생되었다.

◉ 여수 · 순천반란사건(1948. 10. 19)

제주도 폭동을 진압하기 위해 여수와 순천의 국방경비대에게 진압명령을 했으나, 동족을 죽일 수 없다는 일부 장교의 선동으로 항명, 반란을 일으킨 사건이다.

◉ 거창양민학살사건

1951년 2월 11일 경남 거창 신원면 일대에서 공비토벌작전을 벌이던 당시 제11사단 9연대 3대대가 주민이 공산게릴라와 내통했다고 잘못 판단해 양민 600여 명을 집단 학살한 사건이다.

◉ 4월 혁명

1960년 4월 19일, 12년 간에 걸친 이승만 정권의 독재와 부정 · 부패, 3 · 15부정선거에 분노한 국민들이 일으킨 민주혁명이다. 학생들이 중심이 된 4 · 19에 이어 4월 25일, 대학교수단의 시국선언이 따랐다. 마침내 이승만 대통령이 하야(下野)함으로써, 자유당 독재정권은 붕괴되었고 허정을 수반으로 한 과도정부가 구성되었다.

▪▪▶ 과도내각 : 허정은 과도내각을 조직하고 4월 의거에 따른 정국 수습과 제2공화국 탄생을 위한 선거를 관리하였다.

제 2 공화국(第二共和國)

4월 혁명으로 자유당의 제1공화국이 무너진 후 허정 과도정부의 주도 아래 6월 15일 개정헌법이 통과되고 8월, 민의원 · 참의원 합동회의에서 대통령에 윤보선, 국무총리에 장면이 선출되어 1차 내각이 이루어짐으로써(내각책임제) 1961년 5월 혁명이 일어나기까지 존속된 우리나라 두 번째 공화헌정체제이다.

➠ 제2공화국의 민주당 정부는 집권 초기부터 신 · 구파가 파쟁을 일으켜서 국민의 기대를 저버렸다.

5월 혁명(五月革命)

1961년 5월 16일, 장면정권은 사회혼란을 제대로 수습하지 못하고 공산주의에 대처할 능력도 없다고 판단, 육군 소장 박정희가 중심이 된 청년 장교들이 반공(反共)과 구악(舊惡) 일소 및 국가재건을 내세워 일으킨 정치혁명이다. 반공을 국시로 하고 사회기풍을 쇄신하는데 힘썼으며, 경제개발 5개년 계획을 추진, 자립경제를 꾀하였다.

➠ 5 · 16 혁명이라고도 하는데, 장면의 민주당 정권을 전복하고 정권을 장악한 군사혁명이다.

제 3 공화국(第三共和國)

국가재건최고회의를 중심으로 한 혁명정부는 2년 7개월 간의 군정을 끝내기 위해 민정이양에 착수했다. 1962년 12월의 국민투표로 확정된 새 헌법에 의해 1963년 10월 대통령 선거, 11월의 6대 국회의원 선거를 거쳐 1963년 12월 17일 박정희 대통령이 취임함으로써 출범한 세 번째 공화헌정체제이다. 1972년 10월 유신 전까지 존속되었다.

➠ 새 헌법은 대통령 중심제 · 단원제 의회를 골자로 한다. 제3공화국은 한 · 일 국교 정상화, 경부 고속도로 개통, 월남 파병 등의 정책을 수행하였다.

제 3 공화국의 경제성장

경제자립의 목표달성을 위해 1962년부터 추진해온 3차례의 경제개발 5

 Q 우리나라 무형문화재 제1호는?

개년 계획을 성공적으로 추진, 산업화의 기초를 닦음으로써 선진국에로의 발돋움을 가능하게 했다.

제4공화국(第四共和國)

박정희 정권에 의해 추진된 1972년 10월 17일의 '10월 유신'에 의해 개정된 '유신헌법'에 따라 통일주체국민회의에서 대통령으로 박정희를 다시 뽑아(1972. 12.27) '81년 3월 1일 제5공화국의 대통령 취임 전일까지 존속하였던 우리나라의 네 번째 공화헌정체제이다. 10월 유신 후 제4공화국은 박정희 대통령의 장기집권적 징후를 보였다.

▮▮▶ 통일주체국민회의 신설, 국회의원 정수 1/3은 대통령의 추천 후 통일주체국민회의가 선출하도록 했으며, 대통령의 긴급조치권 창설 등이 유신헌법의 특색이다.

제5공화국(第五共和國)

1979년 10 · 26사태(박대통령 피격사건) 이후의 혼란 속에서, '80년 10월 27일 공포 · 시행된 헌법에 의하여 발족한 우리나라의 다섯 번째 공화헌정체제이다. 국가보위비상대책위원회를 구성, 준비단계를 거친 뒤 '81년 2월 25일 제11대 대통령이던 민주정의당 전두환 후보가 제12대 대통령에 당선되어 3월 3일 취임하고, 3월 25일의 총선거로 제11대 국회가 구성됨으로써 출범하였다.

▮▮▶ 선거인단의 선출에 의한 7년 임기의 대통령 단임제, 국회지위의 회복 등이 새 헌법의 특징이다.

6 · 29선언

6월 항쟁이 계속되던 중 이의 수습책으로 '87년 6월 29일, 노태우 당시 민정당 대표위원이 발표한 8개항의 특별선언이다. 그 8개항은 ① 조속한 직선제 개헌, ② 대통령선거법 협상, ③ 대폭적인 사면 복권 단행, ④ 언론자유 보장, ⑤ 기본권 신장, ⑥ 지방자치제와 교육자율화 실현, ⑦ 정당활동의 자유 보장, ⑧ 모든 사회비리 척결 등이다.

▮▮▶ 6월 항쟁 : 개헌논의 금지 및 제5공화국 헌법 아래 차기 대통령을 뽑는다는 4 · 13 조치 이후 이의 철폐를 요구하는 성명, 집회 및 시위가 전 국민적 차원으로 확산되었던 상황을 말한다.

제6공화국(第六共和國)

대통령 직선제 등을 골자로 하는 개헌이 여 · 야간에 합의되어 새로운 민주헌법이 공포됨으로써 이를 바탕으로 새로 당선된 노태우 대통령이 취임(13대)하여 출범한 여섯 번째 공화헌정체제이다.

6 · 15 남북공동선언문

2000년 6월 15일 김대중 대통령(제15대)과 조선민주주의인민공화국 김정일 국방위원장이 발표한 공동선언문으로, 두 정상은 평양에서 정상회담을 가졌으며, 내용은 다음과 같다. ① 남과 북은 나라의 통일문제를 그 주인인 우리 민족끼리 서로 힘을 합쳐 자주적으로 해결해 나가기로 하였다. ② 남과 북은 나라의 통일을 위한 남측의 연합제안과 북측의 낮은 단계의 연방제안이 서로 공통성이 있다고 인정하고 앞으로 이 방향에서 통일을 지향시켜 나가기로 하였다. ③ 남과 북은 흩어진 가족, 친척방문단을 교환하고 비전향 장기수 문제를 해결하는 등 인도적인 문제를 조속히 풀어나가기로 하였다. ④ 남과 북은 경제협력을 통하여 민족경제를 균형적으로 발전시키고 사회, 문화, 체육, 보건, 환경 등 제반분야의 협력과 교류를 활성화하여 서로의 신뢰를 다져나가기로 하였다. ⑤ 남과 북은 이상과 같은 합의사항을 조속히 실천에 옮기기 위하여 빠른 시일 안에 양국 사이의 대화를 개최하기로 하였다.

2 세계사

인류의 출현

최초의 인류(오스트랄로피테쿠스 ; 原生人類)가 나타난 뒤, 인류의 역사는 선사시대와 역사시대로 크게 나뉘며, 선사시대는 구석기시대와 신석기시대로 구분된다. 인류의 진화과정은 직립보행→손의 독립과 두뇌 발달→연장제작과 사냥→집단유대의 강화와 언어발달로 이어진다.

▶ 오스트랄로피테쿠스 : 200만 년 전쯤에 나타난 최초의 인류로, 남아프리카 인류학자 다르(Dare)가 킴벌리 부근에서 발견했다. 직립보행 하였고 역석기 등의 타제석기를 사용하였는데, 50만 년 전 제1간빙기에 멸종되었다.

인류의 발생

명 칭	연 대	종 류	특 징
오스트랄로피테쿠스	약 200만 년 전		최초의 인류
호모 에렉투스	약 50 만 년 전	베이징·자바·하이델베르크인	불·손도끼
호모 사피엔스	약 20 만 년 전	네안데르탈인	시체 매장
호모 사피엔스 사피엔스	약 4만 년 전	크로마뇽인	현생 인류

자바인(Pithecanthropus erectus)

1891년 자바섬 트리닐에서 네덜란드 사람 뒤부아(E. Dubois)가 발견한 것이다. 언어를 사용하고 직립보행 하였으며, 두개골 용량이 900cc 정도이고, 약 50~30만 년 전에 생존했던 것으로 보인다. 그 후 부근에서 또 다른 인골이 발견되었는데, 이를 피테칸트로푸스라 한다.

▶ 호모 에렉투스(Homo erectus ; 古生人類) : 약 50만 년 전에 출현, 15만 년 전까지 살았다. 자바인·베이징인·하이델베르크인이 이에 속하며 언어와 불을 사용했다.

베이징인(Sinanthropus erectus)

중국 베이징 교외 저우커우뎬(周口店)에서 1927년에 스웨덴 사람 앤더슨(G. Anderson)이 발견하였다. 자바인과 거의 같은 시기로 간단한 언

Q 우리나라 국보 제1호는?

어를 사용했으며, 불과 타제석기를 이용하면서 수렵과 동굴생활을 한 것으로 알려졌다. 이를 시난트로푸스라고도 한다.

예론 인류의 진화과정에 따른 구분(오스트랄로피테쿠스 · 호모 에렉투스 등)과 그에 속한 인류(자바인 · 베이징인 등)의 특징에 대한 문제가 출제됨

● 하이델베르크인(Heidelberg人)

1907년 독일 하이델베르크에서 쇠텐자크(Schoetensack)에 의해서 발견되었다. 유럽에서 가장 오래되었으나 자바인이나 베이징인보다 훨씬 늦다.

● 네안데르탈인(Neanderthal人)

1856년 독일 네안데르탈에서 처음 발견된 후 유럽 · 아프리카 · 아시아 각지에서도 나타났다. 약 20만 년 전(제3간빙기)에 나타났으며, 뇌의 용량이 현생인류와 거의 같고(1,200cc), 박제석기를 사용했으며 시체를 매장했다. '지혜로운 사람' 즉, 호모 사피엔스(Homo sapiens)라 불리지만 현생인류의 직접 조상은 아니다.

▸ 이들이 남긴 문화를 무스테리안(Mousterian) 문화라 한다.

● 크로마뇽인(Cromagnon人)

1868년 프랑스 크로마뇽 동굴에서 발견되었다. 생김새나 두뇌 용량(1,500cc)이 오늘날 북부 유럽인과 거의 비슷한 최초의 현생인류이다. 활을 사용해 수렵 · 어로생활을 했으며 정교한 골각기와 타제석기를 사용했다. 알타미라 동굴 벽화를 남기기도 한 이들의 문화를 막달레니안 문화라 하며, 그리말디인(Grimaldi人) · 상동인(上洞人)과 함께 현생 인류의 직계조상으로 추정된다.

▸ 1. 그리말디인 : 1909년 모나코 그리말디에서 발견, 흑인의 조상으로 추측된다.
  2. 상동인 : 1933년 중국 저우커우뎬 동굴에서 발견, 황인종의 조상으로 추측된다.

구석기시대(舊石器時代)

구석기시대는 전기(오스트랄로피테쿠스와 호모 에렉투스가 존재한 시기)·중기(네안데르탈인)·후기(크로마뇽인 출현)로 나뉘며, 타제석기를 사용하고, 채취·수렵·어로 생활을 했으며, 불을 사용하고 동굴에서 거주했다. 원시신앙의 태동(네안데르탈인은 시체를 부장품과 함께 매장)이 있었으며, 종교의식과 함께 예술감각이 싹텄다(동굴 벽화).

▶ 타제석기의 종류와 발달 : 역석기(오스트랄로피테쿠스) → 손도끼(호모 에렉투스) → 박편석기(네안데르탈인) → 돌칼(크로마뇽인)

신석기시대(新石器時代)

1만 년 전 이후 충적세 때이며, '비옥한 초승달지대'에서 농경·목축이 시작되어 정착생활을 하였고, 재산을 공유하는 평등사회로 씨족공동체를 이루었다. 움집에서 살았으며 생산과 출산의 풍요를 기원하는 신앙과 함께 조상에 대한 숭배와 자연에 대한 숭배의식이 행해졌다. 마제석기와 토기가 사용되었고 베틀과 북이 발명되었다.

▶ 신석기 혁명 : 메소포타미아·시리아·팔레스티나에 이르는 반달형의 '비옥한 초승달 지대'에서 농경·목축이 이루어져 식량문제가 해결된 역사적 사건을 말한다. 영국의 고고학자 차일드가 쓰기 시작했으며, 인간이 자연을 지배할 수 있게 된 이 변화는 근대의 산업혁명에 비견되고 있다.

청동기시대(靑銅器時代)

청동 야금술이 알려져 청동기를 제조·사용한 시대로서, 시대 구분상 석기시대 다음, 철기시대의 앞에 해당한다. 오리엔트에서는 메소포타미아를 중심으로, 에게 지방에서는 미노스·헬라스·트로이를 중심으로, 동아시아에서는 중국의 은·주시대가 이에 속한다. 그러나 이 시대를 거치지 않고 바로 철기시대로 넘어간 지역도 있다.

철기시대(鐵器時代)

석기시대·청동기시대에 뒤이어 철기를 사용한 인류 문화발전의 제3단

Q 우리나라의 현행 회계 연도는?

계이다. 메소포타미아에서는 기원전 2천년 중반, 유럽에서는 기원전 1천년 초기, 중국에서는 기원전 1천년 후반기가 이 시대에 해당한다. 그러나 넓은 의미로는 현대까지도 이에 포함된다. 철제기구는 청동제보다 성능이 우수하고 자료가 풍부해 가격도 저렴, 인류사회에 눈부신 변화와 발전을 가져왔다.

구석기시대·신석기시대·청동기시대·철기시대 등 인류 문화발전에 따른 각 시대별 특징을 묻는 문제가 출제됨

● 세계 4대 문명 발상지

인류의 4대 문명 발상지는 메소포타미아의 티그리스·유프라테스강, 중국의 황하(黃河), 인도의 인더스강, 이집트의 나일강 유역이다. 메소포타미아 문명은 BC 3천년경부터 최초의 문명이, 황허 문명은 BC 2천년경부터 청동기 문명이, 인더스 문명은 BC 2,500년경 청동기 문명이, 이집트 문명은 BC 3천년경에 이루어졌다. 큰 강 유역에서 문명이 발생한 이유는 첫째 교통이 편리하고, 둘째 홍수범람으로 토지가 비옥해 농경에 적당하기 때문이며, 셋째 치수와 관개사업의 필요 때문에 강력한 도시국가가 요구되었기 때문이다.

▶ 문명출현은 청동기 사용과 문자의 발명, 국가의 발생을 그 요건으로 삼는다.

보기 중 세계 4대 문명 발상지가 아닌 것을 고르는 문제가 출제됨

● 고대 중국문명(古代中國文明)

BC 3천년경부터 중국 황하(黃河) 유역의 황토층에서 이룩된 신석기문화이다. 좁쌀·기장 등이 재배되고 개·돼지 등도 사육되었다. 중국 최초의 왕조는 BC 1500년경에 세워진 은(殷)이며, 도읍지의 유적으로 은허가 남아 있고, 청동기문화를 이루었다. 점(占)을 치는 데 갑골문자를 사용하였으며, 신정정치를 하는 계급사회로서, 조상숭배사상이 있었다.

▶ 하(夏) 왕조 : BC 2천년경의 전설적 왕조로 최근 허난성 덩펑현 출토의 유물로 실존했던 중국 최초의 왕조일 가능성이 높아지고 있다.

◉ 갑골문자(甲骨文字)

중국 은나라 때 점복에 이용했던 짐승의 뼈나 거북껍질에 새긴 점괘로 한자의 기원이 된다. 그림문자보다는 상당히 앞선 것으로 주로 제사 · 군사 · 천문 · 농경 등에 이용되었다.

▸ 갑골문자에 날짜를 표시하는 간지(干支)가 있어 달력을 사용, 농경생활에 활용된 것으로 추측된다.

◉ 은허(殷墟)

중국 은(殷)왕조의 유적으로 지금의 허난성(河南省) 안양현(安陽縣) 지방이다. 1,250여 분묘가 발굴, 갑골문자와 각종 청동기 · 목기 · 상아제품 등이 발견되어, 전설적인 은나라가 사실로 밝혀지게 되었다.

◉ 인더스 문명(Indus Civilization)

BC 2500년경 인도의 인더스강 유역에서 청동기를 바탕으로 발달한 고대문명이다. 인더스 문명의 주인공은 선주민인 드라비다인(Dravidians)으로 추측되는데, 메소포타미아로부터 영향을 받은 듯하다. 인더스강 하류의 모헨조다로(MohenjoDaro), 상류의 하라파(Harappa) 등은 금석병용기(金石竝用期)의 유적지이다.

▸ 모헨조다로와 하라파에는 하수도 시설을 비롯, 포장도로 · 목욕탕 · 집회소 · 곡물창고와 벽돌가옥이 있었다 한다.

◉ 카스트(Caste) 제도

BC 1천년경부터 자연물숭배사상이 우주의 주신 브라만(Brahman ; 梵)을 숭상하는 브라만교로 발전하면서 계급분화된 인도의 세습적 신분제도이다. 승려인 브라만, 귀족인 크샤트리아, 평민인 바이샤, 노예인 수드라 등으로 나뉜다. 이는 학문과 예술을 발전시킨 공로도 있으나, 사회 전체의 발전을 저해하는 원인이 되기도 했다.

▸ 노예계급인 수드라는 그리스 · 로마시대의 노예들과는 달리 누구에게 소속되거나 팔리지 않는 자유민으로 다만 천역에 종사할 따름이었다.

 Q BCG는 어떤 병의 예방을 위함인가?

● 마누 법전(Manu 法典)

각 카스트가 지켜야 할 의무 및 일상생활에서 지켜야 할 관습에 관한 규정이 브라만들에 의해 만들어졌으며(다르마 수트라), 이것이 BC 200년경에 다시 정리된 것으로 베다와 함께 고대 인도의 대표적 경전이다. 산스크리트어 운문으로 기록되어 있으며 12장이 전한다.

▷ 마누란 고대 인도인이 생각했던 인간의 시조이다.

● 오리엔트 문명(Orient Civilization)

오리엔트란 고대 로마인이 동방을 '태양이 떠오르는 지방' 이라 부른 데서 온 말로, 이집트와 '비옥한 초승달 지대' 라 하는 메소포타미아에서 시리아, 팔레스타인에 이르는 지역의 문명을 말한다. 이집트 문명은 나일강의 선물로, 범람시기를 알기 위해 천문학과 태양력이 만들어졌고, 상형 문자를 파피루스(종이를 대신한 식물)에 적어 이용하였다. 종교적 색채가 짙은 중앙집권제와 왕권을 배경으로, 거대한 궁전과 신전을 만들었다. 메소포타미아를 정복한 고(古)바빌로니아 왕국은 함무라비왕 때 메소포타미아를 통일하고, 함무라비 법전을 만들었다. 그 후 오리엔트는 앗시리아에 의해 최초로 통일되었다.

문 명	지 형	종 교	문 자	과 학 기 술
이집트	폐쇄적	내세적, 다신교	상형문자	태양력, 10진법, 12월제
메소포타미아	개방적	현실적, 다신교	설형문자	태음력, 60진법, 7요제

(예문) 이집트와 메소포타미아 문명의 각 특징(문자 · 과학기술 등)을 묻는 문제가 출제됨

● 함무라비 법전(Code of Hammurabi)

BC 1700년경 바빌로니아의 함무라비왕이 제정한 설형문자로 된 성문법전으로 세계 3대 법전의 하나이다. 전문 282조로 된 이 법전은 세계 최고(最古)의 성문법인 수메르고법의 영향을 받았으며, 심판 · 재산 · 가족 · 처벌 등에 대한 법률과 이에 따른 권리와 의무를 수록한 것으로, 계

급차별을 전제로 한 보복주의(Talion 법칙)와 준(準)사형주의를 특징으로 한다. 1901년, 페르시아 수사(Susa)에서 발견되었다.

▶ 세계 3대 법전 : 함무라비 법전 · 나폴레옹 법전 · 로마 법전

예료 세계 3대 법전을 묻는 문제는 자주 출제되니 반드시 외워둘 것

● 설형문자(楔形文字 ; 쐐기문자)

BC 3500~BC 1000년경 메소포타미아의 수메르인이 사용했던 문자로 점토판에 갈대로 찍어 썼으며, 처음에는 그림문자였으나 표음문자로 발전했다. 이집트의 상형문자, 중국의 한자와 더불어 세계에서 가장 오래된 문자이다.

● 군현제도(郡縣制度)

진시황이 주(周)의 봉건제도를 폐지하고 실시한 중앙집권적 지방행정제도로서 전국을 36군(郡)으로 나누고 군 아래 몇 개의 현(縣)을 설치해 중앙에서 관리를 파견하여 다스렸다. 군에는 군수, 현에는 현령 · 현위를 두었다.

● 분서갱유(焚書坑儒)

중국 진시황의 사상통제 정책으로, 군현제를 반대하는 유학자들을 구덩이에 묻어 죽이고, 의(醫) · 약(藥) · 농(農) · 복서(卜書)를 제외한 모든 학술서적을 불태운 사건이다.

▶ 진시황 : 중국 최초의 통일제국 진(秦)의 시조로 강력한 중앙집권적 지배 체제를 확립하였다. 영토확장에 힘써 중국 영토의 원형을 이루었다.

● 만리장성(萬里長城)

진시황 때 쌓은, 간수에서 요동에 이르는 약 2,700km 되는 토성으로 전국시대 각 제후국의 방책을 연결한 것이다. 현존하는 명대(明代)의 장성보다 북쪽에 위치해 있었다.

 Q 우리나라 38선이 설정된 회담은?

● 부병제(府兵制)

중국 서위(西魏)에서 만들어져 수 · 당에 이르러 정비된 균전제를 기반으로 성립된 국민개병(國民皆兵)의 징병제도이다. 토지를 분배받은 장정들은 평상시에는 농사를 짓고, 농한기에는 거주지의 절충부에 나가 군사훈련을 받는 병농일치제이다.

● 실크로드(silk road ; 비단길)

한 무제 때 서북의 흉노를 견제하기 위해 장건을 서역으로 파견, 이를 계기로 비단길(텐산 남북로)이 개척되고 서역과 서역의 산물이 알려지게 되었다. 그 이후 내륙 아시아를 횡단하는 동 · 서교통로를 일컫는 말로 중국의 명주 · 비단이 로마제국으로 수출되는 길이라는 데서 유래한 명칭이다.

▶ 실크로드를 통해 서역(중앙아시아 전역과 인도까지)과 교류, 유리 · 보석 · 향료의 교환이 이루어졌으며, 마늘 · 오이 · 당근 등이 서아시아에서 중국으로 들어왔다.

● 정관(貞觀)의 치(治)

당 태종은 3성 6부의 중앙관제, 과거제, 균전제, 부병제, 조 · 용 · 조와 법률제도를 완비, 중앙집권체제를 완성했다. 후세인들은 그가 통치한 기간을 '정관의 치'라 하여 군주정치의 모범으로 꼽고 있다.

● 에게문명(Aegean Civilization)

에게 해역을 중심으론 번영한 세계 최초의 해양문명을 말한다. 청동기를 바탕으로 한 이 문명은 그리스 문명의 선구인 동시에 오리엔트 문화를 그리스에 전달하는 교량적 역할을 하였다. 에게문명은 크레타 섬을 중심으로 하여 일어난 크레타 문명, 그리스 본토의 미케네, 소아시아의 트로이 등을 중심으로 한 미케네 문명의 2기(期)로 나누어진다.

▶ 궁전 벽화나 토기의 무늬 등은 운동감 있는 해양예술의 극치로서 오리엔트와는 달리 명랑하고 신선하다.

그리스문화(Greek Civilization)

크레타문명과 미케네문명으로 된 에게문명을 바탕으로 하여 꽃핀 고대 그리스의 인간성을 본위로 하는 문화를 말한다. 그리스의 자연조건으로 도시국가(폴리스)가 생겨나고 도시국가 주민들은 공동의식을 가지고 자유롭고 개성 있는 문화를 창출했다. 이러한 점은 다른 고대 국가에서는 찾아볼 수 없는 그리스만의 특색이다. 그리스 문화는 뒤에 알렉산더에 의해 오리엔트 문명에 융합되어 헬레니즘 문화로서 로마제국을 비롯, 각 지에 전파되었다.

▶ 비록 노예제는 있었지만 인류최초의 초보적 민주주의가 실시되었다.

도편추방(刀鞭追放 ; 오스트라시즘)

BC 6세기말 아테네의 클리스테네스가 참주(僭主)의 출현을 막고, 민주정치를 실시하기 위하여 실시한 비밀투표법으로, 패각추방이라고도 한다. 매년 1회씩 참주로서 위험이 있는 인물의 이름을 도편 또는 패각에 써서 투표, 6천 표 이상인 자는 10년 간 국외로 추방되었다.

▶ 참주정치 ; 아테네의 피시스트라투스가 무력으로 사회혼란을 수습한 것과 같은 폭력정치로, 귀족정치와 민주정치의 과도기적 형태이다.

헬레니즘 문화(Hellenism Civilization)

알렉산더 대왕의 동방원정으로 지중해 연안 · 페르시아 · 중앙아시아 · 인더스강 유역 · 아프리카 대륙에 걸친 대제국이 형성되었다. 이 과정에서 에게 문명을 바탕으로 한 그리스 문화가 오리엔트 문명과 융합 · 형성한 세계적 문화이다. 헬레니즘은 헤브라이즘과 더불어 유럽 문화의 2대 조류이다. 헬레니즘 문화의 전파는 서방으로는 로마문화를 일으켰고 사라센 문화에 영향을 주었으며, 멀리 인도의 간다라 미술을 생성시켰다.

▶ 헤브라이즘(Hebraism) : 헤브라이 민족의 유대교에서 비롯된 종교적이고 금욕적인 기독교적 세계관을 문화사적 입장에서 일컫는 말이다.

 Q 영국 헌정상의 3대 성서는?

● 로마제국(Roman Empire)

BC 7세기경, 라틴족이 이탈리아 반도에 세운 도시국가에서 비롯된 서양 최대의 제국이다. 로마를 근거로 하여 최성시(最盛時)에는 유럽 태반과 아프리카 · 아시아 일부를 점령했다. 로마 정치체제는 도시국가시대에는 왕정이었으나 BC 510년의 반도통일시대에는 귀족 공화정이 되어 제1회, 제2회 삼두정치를 거쳐 BC 27년 지중해 세계를 통일하고 민주공화정이 되었으며, 세계제국시대에 제정(帝政)으로 되었다. 그 후 전제군주정 속에 동 · 서 로마제국으로 분열, 서로마제국은 게르만 민족의 대이동으로 476년 멸망하고 동로마제국은 사라센의 공격을 받아 약체화되었다가, 1453년 오스만투르크에 의해 멸망되었다.

▖▖▶ 제1회 삼두정치는 시저 · 크라수스 · 폼페이우스였으며, 제2회 삼두정치는 옥타비아누스 · 안토니우스 · 레피두스였다. 제2회 삼두정치의 옥타비아누스에 의하여 제정이 시작되었다.

● 12표법(Laws of 12 Tables)

BC 451년에 만들어진 로마 최초의 성문법으로 귀족들의 법(法)의 독점을 타파하고 평민의 권리를 확장, 개인의 권리와 사유권을 보장했다. 이 12표법(十二表法)은 로마 법 발달의 출발점이 되었고, 후대 로마인에게 '전로마 법체계'로 존중되었으며, 후대 법률의 기초를 이루었다.

▖▖▶ 12표법 이후 시민법→만민법→자연법으로 발전했다. 스토아철학의 영향으로 자연법사상이 발달, 그 대표적인 것은 유스티니아누스 대법전이다.

● 포에니 전쟁(Poeni 戰爭)

시칠리아까지 진출한 로마와 당시 지중해 무역을 장악하고 있던 카르타고가 지중해 해상권을 두고 벌인 3차례의 전쟁을 말한다. 1차 전쟁(BC 264~BC 241)은 시칠리아에서 일어났으며, 그 결과 시칠리아가 로마의 속령이 되었고, 2차 전쟁(BC 218~BC 201)에서는 알프스를 넘어 로마에 침입한 한니발 휘하의 카르타고군을 스키피오가 격파하였다. 3차 전쟁(BC 149~BC 146)에서는 로마의 원정군이 카르타고를 포위하여 괴멸시켰다.

▸ 이탈리아반도를 통일한 로마는 포에니 전쟁으로 서부 지중해를 통일했고, 동부 지중해로 진출, 헬레니즘 세계를 병합해 세계 제국을 이루었다.

● 밀라노 칙령(Edict of Milano)

로마 후기 제정시대의 중흥주 콘스탄티누스 1세가 313년, 밀라노에서 신교(新敎)의 자유와 그리스도교를 공인한 칙령을 말한다. 또한 1807년, 밀라노에서 나폴레옹 1세가 영국과 통상하는 상선을 나포(拿捕)하도록 명한 것도 밀라노 칙령이라 한다.

▸ 그리스도교는 392년 테오도시우스 황제 때 로마 국교로 정해졌다.

 Q 도시 공해의 3P란?

게르만족의 이동

4세기말 훈족이 서진해 흑해 북쪽의 동고트족을 치자 서고트족이 동로마로 옮긴 것을 계기로 게르만족의 이동은 시작되었다. 그 후 약 200년간 게르만족은 로마제국 각지에 나라를 세워, 5세기말까지 서로마는 완전히 게르만족 차지가 되었다. 이렇게 세워진 게르만족 왕국들은 대개 단명했는데, 수(數)적으로나 문화적으로 로마계의 문화보다 뒤떨어졌기 때문이다.

➡ 게르만족 중 라인강 하류에 자리 잡은 프랑크는 유일하게 일찍부터 카톨릭으로 개종, 로마인과의 융합을 마련함으로써 유럽세계를 형성하는 중심세력으로 성장했다.

메르센조약(Mersen 條約)

프랑크 왕국은 역사적 · 문화적 바탕이 다른 게르마니아 · 갈리아 · 이탈리아가 카를대제에 의해 기술적으로 통합되어 왔다. 카를대제의 사후 영토분쟁이 일어나 베르뎅조약(843)에 이어 메르센조약(870)으로 오늘날의 독일 · 프랑스 · 이탈리아 영토의 기초가 마련되었다.

봉건제도(封建制度 ; feudalism)

중세에 민족대이동과 로마의 멸망으로 불안한 시대를 맞은 유럽에서 생명과 재산보호를 위해 발달된 사회 · 정치제도이다. 지배층 상호간에 봉토를 매개로 하여 맺어진 보호와 봉사를 내용으로 하는 쌍무적 주종관계이다. 봉토제 · 장원제에 의한 계급적 신분질서와 지방분권적인 것을 그 특징으로 한다.

카노사(Canossa)의 굴욕

중세의 성직임명권(敍任權) 투쟁에서 황제권이 교황권에 굴복한 상징적 사건이다. 신성 로마 황제인 독일왕 하인리히 4세는 1076년 교황 그레고리 7세의 폐위를 요구했다가 파문을 당했다. 반황제파 제후의 반란이

두려워 1077년 카노사에서 교황에게 빌고 나서 파문이 풀렸다.

● 로마 대법전(ROMA 大法典 ; 유스티니아누스 대법전)

동로마제국 유스티니아누스 황제 때 트리보니아누스에 의해 편찬된 법전이다. 스토아철학에 바탕을 둔 자연법에 기초한 이 법전은 공화정 이래의 로마의 법률·판례·칙령·법률학설을 집대성하여 체계적으로 편찬, 후세 근대 국가의 법제형식에 많은 영향을 주었다.

▧▶ 미감이 뛰어난 유스티니아누스 황제는 성 소피아 성당 등 뛰어난 건축물을 남겼다.

● 십자군(十字軍 ; Crusades)

중세 서유럽의 그리스도교 국가들이 회교도로부터 성지 예루살렘을 회복하기(재정복운동) 위하여 일으킨 원정군으로, 약 2세기(11~13세기말)에 걸쳐 7차례나 되풀이되었다. 거듭됨에 따라 본래의 목적에서 이탈, 종교적 정열보다 세속적 욕구(상업상의 이익)로 변하여 원정군내에서 민족간의 분쟁·충돌이 일어나 그 목적을 이루지 못했다.

▧▶ 십자군의 영향 : ① 동방과의 교통·무역 발달과 자유도시 발생, ② 봉건영주·기사세력의 약화로 봉건제 붕괴, ③ 유럽인의 견문확대로 문화발전에 새로운 변화

예문 십자군 원정의 목적과 영향에 대한 문제가 출제됨

● 길드(guild)

중세 후기 서유럽의 도시상인이나 장인(匠人 ; 수공업자)이 생산과 판매를 통제, 일정지역내의 산업과 거래를 독점한 동업조합(同業組合)을 말한다. 왕권 또는 영주권에 대항하여 행한 자치권 투쟁이었으며 엄격한 신분관계를 그 특징으로 한다. 상인 길드와 장인 길드가 주된 것이었다.

● 대헌장(Magna Carta)

1215년, 거듭된 영국 존 왕의 실정(失政)에 제후들이 반기를 들고 국왕에게 강요하여 받은 문서이다. 국왕의 권한을 제한하고 제후들의 봉건적

Q 리스(lease) 산업이란?

특권을 인정한 문서였으나, 국민의 권리를 보장하는 것으로 확대해석, 영국 입헌정치를 위한 근대헌법의 초석이 되었다.

➠ 교회의 자유 · 권리 보장, 런던의 전통적 자유보장, 자유인의 신체적 · 재산적 자유권 보장 등이 규정되어 있다.

백년전쟁(百年戰爭 ; Hundred Year's War)

왕위계승 문제로 약 100여 년에 걸쳐(1338~1453) 영국과 프랑스 사이에 일어난 전쟁이다. 왕위계승 문제에 플랑드르 지방의 양모공업을 둘러싼 이해관계가 얽혀 영국군이 침입, 대승하여 프랑스는 위기에 빠졌으나 잔 다르크의 활약으로 프랑스가 승리했으며, 1453년 아라스(Aras)에서 화의(和議)를 맺었다.

➠ 이 전쟁 후 민족의식이 고조되어 양국 모두에 민족국가의 틀이 잡혔으며, 프랑스는 왕권강화로 강력한 군주국가의 기틀을 확립했다.

장미전쟁(薔薇戰爭 ; Wars of the Roses)

영국의 왕위 계승권을 둘러싼 랭카스터가와 요크가의 대립으로 발생한 내란(1455~85)을 말한다. 랭카스터가의 승리로 헨리 7세가 즉위함으로써 평정, 튜더왕조가 시작되었으며, 이를 계기로 영국의 봉건무사계급이 몰락하고, 절대왕조가 수립되었다.

➠ 붉은 장미(랭카스터), 흰 장미(요크)를 문장(紋章)으로 사용하여 장미전쟁이라 하였다.

금인칙서(金印勅書 ; Goldene Bulle)

1356년, 독일 황제 카를 4세가 발표한 신성 로마제국 황제의 선출에 관한 규정으로, 이로써 황제권의 축소가 법제화되었다. 황제선거를 7선제후(七選帝侯)의 다수결로 하도록 했으며, 선제후의 지위 · 특권 · 장자단독 상속제를 규정하고 있다. 선제후의 권리를 확정한 이 문서는 연방국가로 발전하는 계기가 된다.

➠ 황금의 어새를 사용한 데서 이를 황금문서라고도 한다.

● 왕안석(王安石)의 신법(新法)

중국 송대의 정치가이며 학자인 왕안석이 신종 때 재상이 되어 실시한 부국강병책(富國强兵策)이다. 왕안석은 당시의 병폐를 직시, 부국책으로 는 균수법·시역법·청묘법·모역법을, 강병책으로는 보갑법·보마법 을 실시하였다.

균 수 법 (均輸法)	각 지방의 토산물을 사두었다가 부족한 시기나 지방에 전매, 국가수입을 올리고 물가를 조절하는 제도
청 묘 법 (靑苗法)	춘궁기에 식량과 종자를 대여하였다가 추수기에 상환케 하여 지주의 고리대를 막고 소농민을 보호하는 저리융자법
모 역 법 (募役法)	부역을 면제하고 그 대신 면역전(免役錢)을 받아 실업자를 고 용하는 실업자 구제법
시 역 법 (市易法)	국가가 시장을 조절하고 소상인에게 저리로 융자, 대상인들의 횡포를 막고 상품 유통을 원활케 하는 중소상인 보호법
보 갑 법 (保甲法)	농가를 1보(保)로 하여 대보(大保), 도보(都保)를 두고, 각각 장 (長)을 두어 농한기에 군사훈련을 시킨 병농일치의 민병제도
보 마 법 (保馬法)	보갑법의 각 보(保)가 되는 농가에서 유사시에 쓸 수 있도록 군 마를 기르게 한 제도

➠ 신법의 성격은 재정안정과 국방력 강화, 자작농과 중소상인 보호, 정부의 필요물자확보, 민병양 성과 군마의 조달이었다. 그러나 지나치게 급진적이고 이상적이었으므로 대지주·대상인·고급 관리들의 반대에 부딪쳐 개혁은 실패했다.

● 일조편법(一條鞭法)

멕시코 은(銀)의 유입으로 은의 유통이 일반화되자 여러 명목의 세금을 지 세·정세(丁稅 ; 인두세)로 통합, 간편하게 하여 은으로 납부하게 한 세법 을 말한다. 명대(明代) 후기로부터 청대(淸代) 초기까지 행하여진 은본위 조세제도로 중국 세제사상 양세법(兩稅法)에 뒤이은 개혁으로 유명하다.

➠ 세제의 변화 : ① 수·당(조·용·조), ② 당말~명중기(양세법),
　　　　　　　③ 명말기(일조편법), ④ 청대(지정은제도)
　　　　　청의 지정은(地丁銀)제도는 일조편법을 간소화한 것이다.

⬛ 중국 각 시대의 토지제와 세제에 대한 문제가 출제됨

 Q 무갈 제국의 샤자한이 죽은 왕비를 위해 세운 묘는?

동방견문록(東方見聞錄 ; Livre des merveilles dumonde)

이탈리아 베네치아 태생인 마르코 폴로(Marco Polo)가 17년 동안 중국에 머물면서 보고들은 것을 귀국한 뒤 「세계의 경이(驚異)의 서」라는 제목으로 발표한 책이다. 그 내용은 유럽인의 동양에 대한 호기심을 크게 자극했다. 마르코폴로의 이 책은 콜럼버스의 아메리카 대륙 발견의 계기가 되는 등, 지리상의 발견에 큰 역할을 하였다.

몽고제국(蒙古帝國 ; 원제국)

13세기 초 몽고고원 일대에 흩어져 살던 몽고족이 테무친의 영도 아래 건설한 사상 최대의 대(大)제국이다. 먼저 부족을 통일한 영웅 칭기즈칸(테무친)은 아시아와 유럽의 대부분을 석권, 몽고와 중국 본토를 직할령으로 하고 정복지를 몇 개의 한국(汗國)으로 나누어 세계에 군림하였다. 세조 때에 베이징(北京)으로 천도하고 국호를 원(元)으로 고치어 전성기를 이루었으나, 1368년 명(明)의 주원장(朱元璋)에 의해 멸망되었다.

▶ 칸은 군주를 뜻하는데, 테무친은 부족장회의인 쿠릴타이에서 칸으로 추천되었다.

▶ 세계사의 흐름을 한 제국의 건국 등 사건별로 연결(국사까지)시켜 이해하도록 유도하는 문제의 출제가 많음

사라센 문화(Saracen Civilization)

이슬람 · 비잔틴 문화를 바탕으로 지중해연안과 인도 · 중국의 문화를 종합 · 절충, 사라센제국의 회교도, 특히 아랍인이 이룩한 아라비아 문화를 말한다. 수학 · 화학 · 천문학 · 지리학 등의 자연과학이 발달하였으며, 「아라비안 나이트」는 대표적 문학이다. 동 · 서문화의 중계를 맡아 중국의 제지술 · 나침반 · 화약 · 인쇄술을 유럽에, 사라센 과학의 지도 작성법 · 간의를 중국(元代)에 전했으며, 고대와 르네상스 시대와의 중간기에 큰 역할을 하였다.

▶ 아라비아 문자를 비롯해 아라비아 어원을 가지는 유럽어가 많은 것은 그 영향력이 컸음을 증명한다.

03 근대사회

● 르네상스(Renaissance ; 문예부흥)

르네상스란 '재생', '부활'이란 뜻이며, 이탈리아를 중심으로 14세기경부터 시작된 그리스·로마 문화의 부흥을 통한 새로운 근대문화의 창조를 뜻한다. 중세의 기독교적 속박으로부터 벗어나 그리스·로마 시대의 자유롭고 풍부한 인간성을 부흥, 개인의 존중과 개성의 해방 등을 주장하며 문학·미술·건축을 비롯하여 정치·학술·종교·경제 방면에도 널리 혁신운동을 일으켜 근대문명을 발전시키는 원동력이 되었다.

▐▐▶ 르네상스의 3대 발명품은 화약·나침반·인쇄술이다.

[예문] 르네상스의 성격과 그 내용, 그리고 발단을 묻는 문제가 출제됨

● 이탈리아의 르네상스

14세기 말엽부터 16세기 초에 걸쳐서 이탈리아에서 일어나 전 유럽에 파급된 예술 및 문화상의 혁신운동이다. 십자군운동(十字軍運動) 이후 상업도시의 발전과 경제적인 부흥, 도시 귀족들의 인간 중심적이고 현세적인 로마시대에 대한 동경 등의 요인을 배경으로 하여 발생, 단테·보카치오·페트라르카 등의 문학가와 레오나르도 다 빈치·미켈란젤로·라파엘로 등의 화가, 마키아벨리 등의 사상가와 같은 뛰어난 인재들을 배출하였다.

▐▐▶ 르네상스의 근본정신은 인문주의인데, 이는 인간의 가치를 존중하고 자유로운 발전을 원하는 정신을 낳았다.

[예문] 르네상스가 가장 먼저 일어난 나라(이탈리아)를 묻는 물음이 출제됨

● 지리상의 발견

동방물자를 직접 구입해 보고자 하는 욕구와 동방에 대한 동경으로 15~17세기에 걸쳐 이루어졌던 항해와 탐험 시대의 결과이다. 당시 근대국가 형성과정에 있던 유럽국가들은 대규모의 항해 및 발견을 통하여 시야가 넓어지고 새로운 세계관을 확립하게 되었다. 한편 이러한 새로운 지식과

Q 서방 7개국 정상회담 참가국은?

경험은 비서구지역에 대한 정치지배·교역통상 등의 체계를 통한 식민
지화의 길을 열어놓았다.

▥▶ 지리상의 발견 : 바르톨로뮤디아스는 희망봉(1486), 바스코 다 가마는 인도의 서해안(1498), 콜럼
부스는 신대륙(1492)을 발견했으며, 마젤란은 세계를 일주(1519~22)하였다.

◉ 면죄부(免罪符 ; Indulgence)

중세기 말엽 카톨릭 교회 특유의 제도로서 종교개혁의 원인이 되었다.
처음에는 면죄부를 사면 죄사함을 받고 또 다른 사람의 죄도 구속하는
힘이 된다고 하여 발행하였으나, 나중에는 교황청 수입을 증대시키는 방
편으로 금전 수입 자체가 목적이 되어 신도들에게 강제로 판매되었다.

▥▶ 루터의 95개조 반박문은 종교개혁에 불을 붙였다.

◉ 종교개혁(宗敎改革 ; Reformation)

16세기경 봉건사회의 동요와 함께 로마 카톨릭 교회의 지나친 세속화와
타락에 반발한 그리스도교 개혁운동이다. 독일의 마르틴 루터가 교황청
의 면죄부 매출에 반대해 95개조 반박문을 제출한 것이 도화선이 되어
일어났으며, 츠빙글리(U. Zwingli), 칼뱅(J. Calvin) 등에 의해 전 유럽
에 퍼져 마침내는 프로테스탄트라는 신교(新敎)의 성립을 보았다.

▥▶ 종교개혁의 선구적인 움직임은 14세기 영국의 위클리프와 보히미아의 후스로부터 비롯되었다.
▥▶ 종교개혁의 원인과 그 과정, 그리고 결과 등 전반적인 이해를 묻는 문제가 출제됨

◉ 낭트 칙령(Edict of Nantes)

신·구교의 정치·종교적 대립으로 인한 위그노 전쟁 후 1598년, 프랑
스의 앙리 4세가 신·구 교도의 갈등을 완화시키려고 개인의 신앙의 자
유와 신·구 양교의 정치상의 평등권을 인정한 칙령이다. 1685년 루이
14세에 의하여 폐지되었다.

▥▶ 중세의 종교적 통일(카톨릭교회)이 깨지고, 프로테스탄트, 즉 개신교라는 새로운 교회가 탄생, 그
후 양파간에는 거의 1세기에 걸친 종교전쟁이 전개되었다. 이에는 독일의 슈말칼덴 전쟁, 프랑스

의 위그노 전쟁, 독일을 중심으로 한 30년 전쟁, 네덜란드 독립 전쟁이 있다.

30년 전쟁(三十年戰爭)

종교전쟁 중에서도 가장 규모가 컸던 것으로, 독일을 중심으로 유럽 국가들 사이에 벌어진 국제적 종교전쟁(1618~48)을 말한다. 합스부르크가의 구교 통일책에 대해 신교도 제후가 항쟁, 종교분쟁이 다시 격화되어 일어났는데, 독일에서 칼뱅파를 인정하고 스위스·네덜란드 독립을 인정한 베스트팔렌 조약을 체결(1648), 신교도측의 승리로 끝났다.

마야 문명(Maya 文明)

멕시코 남부·유카탄 반도의 중남미에 고도로 발달한 고대문명이다. BC 6~AD 7세기와 10~15세기 두 번에 걸쳐 마야제국을 건설하였으며, 300년경에는 강대한 도시국가를 형성하였다.

▶ 천체운행을 관찰했으며, 마야력(曆)을 만들었고 계수법과 수학이 발달하였으며, 상형문자가 쓰였다.

잉카 문명(Inca 文明)

13세기경부터 남미 페루(Peru) 고원지방을 중심으로 번영하였던 잉카제국의 문명이다. 씨족공유의 토지제도와 농경 중심으로 신권정치가 행하여졌으며, 관개·도로·운하 등의 토목공사가 발달하였다. 1532년 스페인 사람 피사로(Pizarro)가 간계로 국왕을 감금, 제국의 기능을 정지시켜 스페인 통치 아래 예속, 멸망시켰다.

▶ 아메리카의 토착문명(마야 문명·잉카 문명·아즈텍 문명)은 16세기 전반 스페인 정복자들에 의해 파괴되었다.

엔클로저 운동(Enclosure Movement ; 종획운동)

모직물 공업의 발달로 15세기말부터 16세기에 걸쳐, 유럽 특히 영국에서 지주(젠트리)·독립 자영농민(요우먼)이 목축업이나 집약농장 경영을 위

 Q 비료의 3요소는?

해 개방지·공동방목지·황무지 등을 경계표지로 둘러막아 사유지 경계를 뚜렷이 한 것을 말한다. 이로 인해 많은 농민들이 토지를 잃고 도시로 나가 노동자가 되었다. 이를 제1차 엔클로저 운동이라 하며 18세기의 것을 제2차 엔클로저 운동이라 한다.

▶ 제2차 운동은 농업개량과 농업경영의 합리화를 위한 것으로, 이로써 산업혁명에 필요한 노동력을 제공받았다.

◉ 동인도회사(東印度會社 ; East India Company)

17세기 초엽, 동양에 대한 무역을 경영하기 위해 동인도에 설립한 무역독점회사를 말한다. 1600년 영국이 엘리자베스 왕조 때 스페인의 무적함대를 격파시키고 동인도회사를 설립, 아시아 방면으로 진출한 것을 시작으로 하여 1602년에는 네덜란드가, 1664년에는 프랑스가 각각 설립하였다.

▶ 이의 독점무역에 따른 이윤은 초기자본주의 단계에 있던 유럽 여러 나라의 본원적 축적에 크게 공헌하였다.

◉ 권리청원(權利請願 ; Petition of Rights)

왕권신수설을 내세우고 전제정치를 행하는 영국의 찰스 1세에게 의회가 인민의 헌법상 권리를 주장하기 위하여 제출한 청원서이다. 주요내용은 의회 동의 없는 과세 불가, 이유가 밝혀지지 않는 개인의 구속과 병사(兵士)의 민가숙박 금지 등이었다.

▶ 왕권신수설(王權神授說) : 군주권을 정당화하고, 군주에 대한 비판을 누르기 위해 제창된 학설로, 필머·보댕·보쉬에 등이 주창하였다.

◉ 청교도 혁명(淸敎徒革命 ; Puritan Revolution)

1649년 왕정(王政)을 폐하고 공화정(共和政)을 선언한 청교도들의 무력혁명이다. 크롬웰(O. Cromwell)을 주동으로 한 의회파가 왕당파를 물리쳐 찰스 1세를 제거하고 공화정치를 선언하여 혁명에 성공했으나, 크롬웰의 독재에 의해 1660년 왕정복고(王政復古)를 보게 되었다.

▸ 크롬웰의 공화정치는 청교주의에 입각한 금욕적인 독재정치였으며, 항해조례를 제정, 네덜란드의 중개무역에 타격을 주었고, 아일랜드를 정복했다.

● 명예혁명(名譽革命 ; Glorious Revolution)

1688년 영국에서 일어난 무혈혁명으로, 영국에 의회정치의 실현을 초래했다. 국왕 제임스 2세의 전제정치를 반대한 의회파들은 그를 추방하고 새로이 추대한 윌리엄 3세로 하여금 권리장전을 승인하게 하였다. 피를 흘리지 않고 이루어진 혁명이어서 명예혁명이라고 한다.

▸ 권리장전(權利章典) : 의회의 입법권과 과세권을 확인하고, 의회선거의 자유와 의회의 면책권을 규정한 것으로 영국헌정사상 중요한 문서이다.

● 미국의 독립전쟁(獨立戰爭 ; War of Independence)

1775년 영국의 13개 식민주가 본국의 중상주의 정책에 불만을 품어오던 중 인지조례와 보스턴 차 사건을 계기로 하여 일으킨 독립전쟁으로 당시 유럽의 지배적 사조였던 계몽사상의 영향을 받았다. 식민지 대표들이 대륙회의를 개최, 워싱턴을 총사령관으로 추대하고 1776년 독립선언을 발표, 영국군에 항전했다. 영국을 적대시하던 프랑스·스페인·네덜란드 등의 도움으로 요크타운 전투에서 승리, 1783년 파리조약에서 독립을 공인받았다.

▸ 미국독립선언은 근대 민족주의의 기본원리를 천명한 선언이며, 독립전쟁 후 쟁취한 미국의 독립은 신대륙에 민주적인 원리를 내세우고 새로운 공화국이 탄생한 것으로 민주주의 혁명이라 할 수 있다.

● 앙시앵 레짐(Ancien Regime ; 구제도)

프랑스혁명 이전의 정치·사회제도를 가리키는 말이며 절대주의의 말기적 증상을 뜻한다. 18세기 프랑스 사회의 모순은 그 신분구성에 집약되어 있었는데, 이 모순이 구제도(舊制度), 곧 앙시앵 레짐이며, 이를 타파한 것이 프랑스 혁명이다.

 Q 제3의 물결의 저자는?

▸ 일반적으로 1789년 혁명 전의 '구제도'라는 특정 개념으로 쓰인다.

● 프랑스 혁명(Revolution Francaise)

프랑스 부르봉왕조의 사회적 모순(앙시앵 레짐에 의한)에 대한 계몽사상
가들의 영향, 미 독립 전쟁에 자극 받아 시민들이 바스티유 감옥을 습격
함으로써 일어난 혁명이다. 혁명 당시 최초의 의회인 국민의회는 일체의
봉건적 특권을 폐지, 봉건적 예속관계를 해체시켰고, 인권선언으로 인간
천부의 권리로서의 자유와 평등, 국민주권, 언론·출판·신앙의 자유와
사유재산 불가침 원칙을 확인했다. 1791년 신헌법이 공포되고, 다음해
왕정이 폐지, 공화제가 성립되었다.

▸ 프랑스 인권선언은 미국의 독립선언과 더불어 근대 민주주의 발전사상 중요한 선언이다.
　1. 근대 민주주의 3대 혁명 : 프랑스 혁명·청교도 혁명·미국 독립 혁명
　2. 프랑스 혁명의 3대 정신 : 자유·평등·박애

(예문) 인간의 기본권을 위한 역사의 발전적 흐름을 이해할 것. 이를 위한 의미 있는 사실들을 연대순으
로 다룬 문제들이 많이 출제됨

● 시민혁명(市民革命)

봉건시대의 귀족계급에 대해 중소 상공업자를 중심으로 한 신흥세력인
시민계급에 노동자와 농민이 가담, 소수인 지배계층을 위하는 절대주의
를 타도하고, 자유와 평등의 원리에 입각한 근대사회를 이룩하려는 운동
을 말한다. 18세기 미국 독립혁명과 프랑스 혁명이 전형적인 예이다.

● 대륙봉쇄령(大陸封鎖令)

트라팔가 해전(7805)에서 패한 나폴레옹 1세가 영국과 유럽 대륙과의 통
상단절을 명하여 경제봉쇄를 행한 것을 말한다. 대륙봉쇄령은 쌍방 모두
에게 타격을 주었으며, 특히 나폴레옹 정복전쟁의 실패와 그의 몰락을
초래했다.

▸ 나폴레옹의 정복전쟁은 프랑스 혁명의 이념을 전파시켰으며, 각 국의 민족의식을 각성시킨 결과
를 가져왔다.

● 산업혁명(産業革命 ; Industrial Revolution)

1760년대에 시작된 기계의 발명과 기술의 변화, 이로 인하여 일어난 산업 및 경제의 변화를 말한다. 수공업적 소규모 생산으로부터 대량생산의 공장제 기계공업으로 전환된 변화는 면방직공업을 시작으로 영국이 제일 먼저, 그리고 가장 철저히 경험하였고, 차츰 세계 각 국에서 계속해 일어났다. 이 산업혁명을 거쳐 자본주의 경제체제가 확립되었다.

⊪▶ 전기·석유의 이용에 따른 중화학공업 발달(19세기 후반)을 제2차 산업 혁명, 원자력을 이용하는 현대산업을 제3차 산업혁명이라고도 한다.

● 신성동맹(神聖同盟)

러시아 황제 알렉산드르 1세의 주창으로 빈 회의 이후 러시아·오스트리아·프로이센의 세 군주가 중심이 되어 그리스도교 정신에 입각, 형제같이 유럽 평화를 유지하자고 결정한 일을 말한다. 실제로는 반동적이고 보수적인 체제를 위한 것이었고, 자유주의와 민족주의를 탄압하는 메테르니히 빈 체제의 간판이었다.

⊪▶ 4국동맹은 오스트리아·러시아·프로이센·영국 사이에 체결되었다. 후에 프랑스가 참가해 5국동맹이 되었다.

● 남북전쟁(南北戰爭)

노예제 폐지와 연방주의를 표방하는 공화당의 링컨이 대통령으로 선출되자 남부 7주가 연방을 탈퇴함으로써 1861년 미국에서 일어난 노예해방 전쟁이다. 당시 미국은 각 주(州)의 역사와 전통, 국가관념의 차이, 정책·주장의 대립 등으로 남부와 북부사이에 차이점이 많았다. 링컨은 1863년 노예해방을 선언하여 전쟁의 명분을 밝히고, 치열한 전투 끝에 1865년 북부의 승리로 끝났다.

⊪▶ 게티즈버그 연설 : 링컨이 남북전쟁의 격전지였던 펜실베이니아 주 게티즈버그에서 1863년 11월에 행한 연설로, '국민의, 국민에 의한, 국민을 위한 정치'는 민주주의 진의를 명쾌하게 드러내는 명구이다.

Q 생산합리화의 3S 운동이란?

남북의 대립관계

구 분	상 업	무 역	정 치	정 당	노예제도
북 부	상공업	보호무역	연방주의	공화당	노예사용 부정
남 부	대농업	자유무역	분립주의	민주당	노예사용 긍정

크림 전쟁

보수적인 반동정치를 강화한 러시아의 니콜라이 1세 남진정책의 일환으로 일어난 국제전쟁이다. 1853년 러시아는 투르크 영내의 그리스도교도의 보호를 구실로 남진, 크림전쟁을 일으켰으나 영국과 프랑스의 개입으로 실패했다. 동방(東方) 전쟁이라고도 한다. 세바스토폴 함락으로 러시아가 패배하고 파리에서 강화조약이 체결되었다.

▶ 이 전쟁에서 영국의 나이팅게일의 간호 활동은 유명하다.

아편전쟁(阿片戰爭)

편무역(片貿易)으로 다량의 은(銀)이 중국으로 유출되자 영국은 삼각무역형태를 취해 인도의 아편을 중국으로 수출했다. 그 결과 청(淸)은 아편 수입으로 인한 피해와 은의 유출로 사회적 · 경제적으로 심각한 사태가 되었다. 청의 선종은 아편무역 금지령을 내리고, 린쩌쉬를 광둥(廣東)에 파견, 영국 상인의 아편을 불태우고 밀수업자를 처형했다. 이에 영국은 무역보호를 구실로 해군을 파견해 전쟁이 발발, 청나라가 패하고 난징조약이 맺어졌다.

▶ 난징조약(南京條約) : 영국이 자유무역을 실현하기 위해 일으킨 아편전쟁 뒤 청과 체결한 불평등 조약이다(1842). 중국의 중화주의를 무너뜨린 이 조약은 중국의 반(半)식민지화(化)의 발단이 되었다.

애로(Arrow)호 전쟁

1856년, 광둥에 정박중인 영국상선 애로호가 청국 관리의 수색을 받아 영국선원이 체포되고 영국 국기가 모욕당한 사건(애로호 사건)이다. 때 마침 프랑스인 선교사 살해사건을 계기로 영국과 프랑스가 공동 출병하여 광둥을 점령, 청의 굴복으로 텐진조약을 맺었으나 청국측의 사절단 공격과 조약거부로 전쟁이 재발, 영국과 프랑스군이 텐진과 베이징을 함락하고 강제로 베이징 조약을 맺었다.

● 베이징 조약(北京條約)

애로호 전쟁 후 러시아의 중재로 맺어진 조약이다. 이 조약의 결과, 청국은 영국에 주룽(九龍) 반도를 다시 내주게 되고, 프랑스에는 청국이 몰수한 카톨릭 교회와 그 재산을 반환하였다. 러시아에는 중재대가로 연해주를 내주었다.

● 태평천국운동(太平天國運動)

청 말에 홍슈취안(洪秀全)을 중심으로 광시성(廣西省)에서 1850년에 시작된 농민운동으로, 1864년 지주·상인·외국자본의 연합군에 의하여 진압되었다. 그리스도교를 내용으로 하는 종교적 내란의 형태였으나, 그 본질에서는 멸청흥한(滅淸興漢)의 민족주의와 태평천국 건설과 남녀평등, 토지의 균분(均分), 조세의 경감 등을 주장한 농민전쟁이었다. 이 운동은 15년 간 계속되어, 청조의 지반을 사실상 흔들어 놓았다.

▭▶ 태평천국의 의의는 근대적 혁신운동이라는 데 있으며, 한족(漢族)의 민족주의·농민의 계급타파 혁명·반제국주의 운동의 성격을 지닌다.

● 양무운동(洋務運動)

청나라의 청궈판(曾國藩)·리홍장(李鴻章) 등 한인(漢人) 지주들이 중심이 되어 서양문물을 받아들여 근대화를 추진한 개혁운동(1862~74)이다. 이 운동을 이끈 것은 전통사상을 중심으로 하되 실용적인 과학기술만 서양 것을 받아들이자는 중체서용(中體西用)의 사상이었다.

▭▶ 양무운동의 한계를 극복키 위해 캉유웨이의 '변법자강'을 채용한 무술변법이 이어졌다.

 Q 조선시대의 3대 국시(國是)는?

◉ 청일전쟁(淸日戰爭)

조선 수구파의 요청으로 동학혁명을 진압하기 위하여 청이 출병하자 일본도 거류민 보호를 구실로 출병, 양국 군대가 충돌하여 일어난 전쟁이다. 일본의 승리로 청은 시모노세키 조약을 맺고, 요동 반도 · 대만을 일본에 양도했으며 조선에서 일본의 우월권을 인정하였다.

▸ 시모노세키 조약(下關條約) : 청일전쟁이 끝난 후 청의 리홍장과 일본의 이토 히로부미가 맺은 강화조약이다.

◉ 무술정변(戊戌政變)

청 말 광서제(光緖帝)의 등용으로 캉유웨이(康有爲) 등의 개혁파가 변법자강(變法自彊)을 주장하며 정치개혁에 착수하였으나, 서태후(西太后)를 비롯한 수구파 관료들의 음모로 실패, 광서제가 유폐되고 개혁파들이 체포된 것을 말한다. 이후 청조는 수구파에 의해 지배되었다.

▸ 무술변법의 개혁실패는 중국의 평화적 개혁이 불가능하다는 것을 통감케 해 이후 혁명적인 대응이 제시된다.

◉ 신해혁명(辛亥革命)

청조 말(1911~12) 쑨원(孫文)이 지식층 · 학생 · 군인 등을 모아 혁명단체 '동맹회'를 조직, 민족 · 민권 · 민생(삼민주의)을 기본강령으로 하여 청조를 타도하고 한인중심의 공화국을 수립하기 위해 일으킨 혁명이다. 반청운동은 쓰촨성(四川省) 폭동에 이어 전국에 파급되었다. 혁명 성공 후 난징에 임시공화국 정부를 수립하고 쑨원을 초대 대총통으로 추대, 중화민국을 건국했다. 마침내 청조가 무너지고 한인(漢人) 공화제가 수립, 2천년의 전제군주제가 폐지되었다.

▸ 근대화운동과 그 주장 : 태평천국(멸청흥한(滅淸興漢) 1850~64) → 양무운동(중체서용(中體西用) 1862~74) → 무술정변(변법자강(變法自彊) 1898) → 의화단사건(부청멸양(扶淸滅洋) 1899~1901) → 신해혁명(삼민주의(三民主義) 1911~12)

● 삼민주의(三民主義)

1905년 이래 쑨원에 의해 주창된 지도이념으로, 민족주의 · 민권주의 · 민생주의를 말한다. '민족주의'는 대내적으로 여러 민족의 평등과 대외적으로 외국의 압박으로부터 독립을, '민권주의'는 국민의 정치상 평등과 민주제 실현, '민생주의'는 국민생활의 안정을 위해 토지분배 · 주요산업 국영화를 꾀하는 일종의 사회민주주의이다.

● 메이지유신(明治維新)

일본이 막부체제에서 천황중심체제로, 정치적으로 왕정복고를 성취한 후 시작된 근대화 운동을 가리킨다. 1867년 도쿠가와 요시노부(德川慶喜) 장군이 반 막부파인 존왕양이(尊王攘夷) 세력에 굴복, 메이지 천황(明治天皇)에게 통치권을 반환하였다. 이로 무인지배체제는 무너지고 천황제의 정부 수립에 성공했으며 일본 근대화 과정이 시작되었다.

▪▪▪➡ 메이지유신의 주요 내용은 ① 근대적 중앙집권체제 강화, ② 계급제도 타파, ③ 교육 · 세제 · 사회 · 문화 등 전반적 개혁의 실시였다.

● 스와라지 운동 (Swaraji Campaign)

1906년 영국의 지배를 벗어나서 인도의 독립을 획득하기 위해 간디(M. Gandhi)가 일으킨 반영(反英) · 자치(自治)운동이다. 정치적으로는 민족주의 운동을 불러일으켰으며, 경제적으로는 영국 제품 불매운동 · 영화(英貨)의 배척으로 전개되었다. 이에 영국은 벵골 분할법으로 인도의 민족운동을 분열시키려 했다.

▪▪▪➡ 스와데시 운동 : 반영(反英) 민족해방운동의 목표로써 전개되었던 국산품 애용운동이다.

Q blue belt란?

● 제국주의(帝國主義 ; imperialism)

19세기 후반부터 자본주의의 고도화와 편협한 민족주의로 말미암아 강대국이 상품시장이나 자본투자지역을 찾아 무력이나 다른 수단으로 후진국을 식민지화하려고 진출하는 것을 말한다. 산업혁명 이후부터 19세기말에 이르는 서양 선진국가들의 제국주의적 식민지 경쟁은 제1차 세계대전으로 치닫고 말았다.

● 3C정책과 종단정책(縱斷政策)

영국의 제국주의적 식민지 확장정책으로, 이집트 카이로 · 케이프타운을 연결하는 아프리카의 종단계획을 수립하고, 이를 더욱 확대해 인도의 캘커타까지 연결하여 인도양의 내해화(內海化)를 꾀했으나, 러시아의 해외진출과 대립되었다. 뒤에 프랑스의 아프리카 횡단정책, 독일의 3B정책과 충돌하였다.

● 3B정책

독일의 제국주의적 근동정책으로, 베를린 · 비잔티움(지금의 이스탄불) · 바그다드를 연결하는 철도를 부설, 발칸에서 소아시아를 거쳐 페르시아만에 이르는 지역을 경제적 · 군사적으로 이용하려 하였다. 영국의 3C정책과 충돌, 제1차 세계대전 발발의 중요 원인의 하나가 되었다.

● 무장평화(武裝平和) 시대

독일 · 오스트리아 · 이탈리아의 3국 동맹과 이에 맞선 영국 · 프랑스 · 러시아의 3국 협상으로, 유럽은 제1차 세계대전 발발 전까지 군비확장으로 서로 견제하며 겨우 평화가 유지되었는데 이를 말한다.

A 수산자원 보호구역

● 파쇼다 사건

1898년 아프리카 수단(Sudan) 파쇼다에서 일어난 영국의 종단정책과 프랑스의 횡단정책의 충돌사건이다. 당시 대륙 횡단책을 강행하던 프랑스는 영국의 세력범위라고 선언된 파쇼다를 점령, 양군은 충돌 위기를 맞았으나 1904년 영 · 프 협상으로 일단락 되었다.

➡ 프랑스의 횡단정책은 알제리를 거점으로 아프리카 서해안까지 확장하려는 제국주의적 정책이다.

● 제1차 세계대전(World War Ⅰ)

세계가 몇몇 강대국에 의해 분할되고 있던 1900년 무렵, 범게르만주의와 범슬라브주의의 대립과 제국주의의 팽창욕을 배경으로 하고 사라예보 사건을 직접 계기로 하여 발발한 세계적인 제국주의 영토 재분할 전쟁이다. 오스트리아 · 독일 · 불가리아 등의 동맹국측과 세르비아 · 러시아 · 프랑스 · 영국 · 일본 · 미국 · 중국 등 연합국간의 세계전쟁으로, 1918년 11월 독일의 항복으로 휴전, 1919년 베르사유 조약 등으로 강화가 성립되었다.

➡ 사라예보 사건 : 1914년 7월, 오스트리아 황태자 페르디난트 내외가 세르비아인 청년에게 암살당한 사건으로 사건 후에 오스트리아가 세르비아에 선전포고, 전쟁이 시작되었다.

● 베르사유 조약

제1차 세계대전이 끝나고(1919) 프랑스 베르사유에서 독일과 연합국 사이에 체결된 강화조약이다. 독일에 대한 응징으로 독일의 영토 축소, 군비 제한, 배상금 지불 및 국제연맹 · 노동협정 등에 관한 규약이 규정되어 있다. 이 조약은 '윌슨의 평화안'을 기본정신으로, 그러나 전승국의 이해관계와 패전국 응징 의지가 확고한 미국 · 영국 · 프랑스 주도로 이끌어진 파리강화회의에서 체결되었다.

➡ 이 조약으로 독일은 알사스 · 로렌 지방을 프랑스에 할양하는 외에 해외 식민지를 모두 포기해야 했다.

Q 특정인의 신용을 보증하기 위해 발행하는 증서는?

● 5 · 4운동(五四運動)

민족세력강화와 신문화(新文化)운동을 배경으로 하여 1919년 5월 4일, 베이징(北京)에서 일어난 중국 민중의 반(反)군벌 · 반(反)봉건 · 반(反)제국주의 운동이다. 파리강화회의에서 일본의 21개조 요구가 인정되자 학생과 지식인을 중심으로 일본과 그와 결탁한 군벌에 대한 반대시위로 시작되었는데, 나중에는 상인 · 노동자도 합세함으로써 전국적인 대중운동으로 발전하여 중국 근대화를 추진시킨 원동력이 되었다. 윌슨의 민족자결주의와 한국의 3 · 1운동에 자극을 받은 이 운동은 중국 사회와 문화 및 사상에 미친 영향이 컸다.

➠ '21개조'란 1차 대전 중 열강의 관심이 약해진 틈을 타 일본이 중국 북부에 대한 이권을 요구, 중국 군벌 위안스카이(袁世凱)로부터 승인 받은 것이다.

● 중국 공산당(共産黨)

장제스(蔣介石)의 집권으로 타격을 받은 중국 공산당은 장제스의 독주에 따른 국민당의 내분을 틈타 1931년 루이진(瑞金)에 마오쩌뚱(毛澤東)을 중심으로 중화 소비에트 공화국을 세워 농촌으로 세력을 넓혔다. 장제스는 1930년부터 공비 토벌을 시작, 루이진 정부는 1935년에 연안 장정을 하여 간쑤 · 산시성으로 옮겨 재건하였다. 당시 일본의 침략에 대한 민족적 항거에 따라 항일 국 · 공합작 요구가 대두, 독주는 제한되고, 1937년 시안사건(西安事件)을 계기로 제2차 국 · 공합작이 결성되었다.

➠ 장제스의 국민당 정부와 마오쩌뚱의 공산당 정부는 제2차 국 · 공합작을 이루어 항일투쟁을 위한 통일전선을 폈다.

● 중 · 일전쟁

1937년 7월, 소위 루꼬우챠오사건(蘆溝橋事件)을 꾸며서 도발시킨 중국에 대한 일본의 침략전쟁을 말한다. 일본은 우세한 군사력으로 각 철도 연변 · 중요도시 등을 침략하여 일거에 중국 전토를 석권하려 했으나 충칭(重慶)으로 천도한 중국의 집요한 항전으로 장기화하여 1941년 12월의 태평양전쟁으로 확대되었다.

◽ 루꼬우챠오 사건 : 1937년 7월 7일 루꼬우챠오 부근에서 훈련중인 일본군대와 중국군대가 충돌한 사건이다.

● 러 · 일전쟁(露日戰爭)

한국과 만주에 대한 지배권을 둘러싸고 러시아와 일본 사이에 일어난 전쟁이다. 1904년 2월 일본의 기습공격으로 시작된 이 전쟁은 뤼순(旅順) 공방전 · 봉천 회전(奉天會戰) · 대마도 해협에서의 해전(海戰) 등에서 일본이 승리하여 1905년 9월 미 대통령 루스벨트의 알선으로 포츠머드에서 휴전조약이 성립되고, 10월에 강화조약이 공포되었다.

◽ 러시아는 패배 결과 혁명운동이 진행되었으며, 일본은 전승에 의해 한국의 지배권을 확립, 만주 진출을 기도했으나 미국과의 대립이 시작되었다.

● 포츠머드 조약

러 · 일전쟁의 결과 맺어진 강화조약이다. 1905년, 미 대통령 루스벨트의 조정에 의하여 일본의 수석전권 고무라 주다로(小村壽太郞), 러시아의 수석전권 비테(vitte)가 미국 포츠머드에서 체결하였다. 이 조약에 의해 일본은 한국에 대한 우선권, 관동주(關東州)의 조차(租借), 남만주 철도 등의 양도(讓渡), 사할린 남반(南半)의 할양, 연해주(沿海州)의 어업권을 획득하였다.

● 피의 일요일 사건

1905년 1월, 러 · 일전쟁 패배 이후 국내정치에 불만을 가진 러시아의 노동자 10여만 명이 성직자 가폰(Gapon)의 지도로 페트로그라드(상트 페테르부르크) 궁전 앞 광장에 모여 개혁을 요구하며 시위를 했는데, 이에 대해 군대가 발포한 사건을 말한다. 이를 계기로 하여 전국적인 저항운동이 일어났다.

◽ 이 사건 후 니콜라이 2세는 자유주의적 개혁을 진행했다.

 Q 베토벤이 작곡한 유일한 오페라는?

● 11월 혁명(十一月革命 ; 10월 혁명)

1917년 11월 러시아에서 일어난 프롤레타리아 혁명으로, 구력(舊曆)에 의해 10월 혁명이라고도 한다. 레닌의 지도 아래 급진적인 볼세비키가 주동이 되어, 당시의 수도 페트로그라드(지금의 페테르부르크)에서 무장 봉기해 전국에 파급되었다. 케렌스키(A. F. Kerenskii) 임시정권이 무너지고, 전쟁 중지·대토지 소유 몰수·대공장 국가관리 등을 포고, 세계 최초의 사회주의 국가인 소비에트 사회주의 공화국 연방정권이 수립되고 레닌이 수상이 되었다.

➠ 3월 혁명(三月革命) : 1917년 3월 12일 러시아 페트로그라드에서 일어난 혁명으로 로마노프 왕조가 중단되고 케렌스키 임시정부가 수립되었다. 이 혁명과 11월 혁명을 아울러 러시아 혁명이라고 한다.

● 파시즘(fascism)

좁은 뜻으로는 이탈리아 무솔리니의 파시스트 당 운동 또는 무솔리니가 권력을 잡고 있던 시기의 정치체제를 말한다. 넓은 뜻으로는 이탈리아 파시즘과 공통된 본질을 갖는 경향이나 운동 및 지배체제를 말한다. 제1차 세계대전 후 고도로 발달한 자본주의의 전반적인 위기단계에 출현한 테러리즘(terrorism)적인 수단에 의한 독재정치로 대부분은 일당 전제(專制)의 형태를 취하며 국수적(國粹的) 사상을 선전하나, 그 출현 형식은 일정하지 않다.

➠ 제2차 세계대전 때의 추축국(樞軸國) 일본·독일·이탈리아 등이 그 예이다.

● 나치즘(Nazi ism)

히틀러를 당수로 한 독일의 파시즘 정당. 경제공황을 계기로 급성장해 1932년에는 제1당이 되어 히틀러 독재체제를 구축한다. 나치당 이외의 다른 정당은 불법이었으며, 전체주의·인종주의(유대인 박해)·팽창주의(군국주의를 내세워 베르사유 체제 폐기)를 주장하며 강력한 독재정치를 실현, 제2차 세계대전의 기초를 마련한다.

▸ 히틀러의 독재 : 힌덴부르크 대통령 사후 재상 겸 총통으로 강력한 독재자가 되었다.

● 뮌헨 회담(MÜnchen 會談)

1930년대 독일 · 이탈리아 · 일본의 전체주의 국가들은 영토확장을 위해 본격적인 침략을 감행했다. 1937년 영국 수상 체임벌린은 러시아 진출의 두려움과 히틀러의 강력한 도전에 불안을 느껴 1938년 히틀러가 체코슬로바키아의 수데텐(Sudeten)을 요구하자 이에 대한 해결책으로 뮌헨 회담을 개최하였다. 체임벌린 · 히틀러 · 무솔리니 · 달라디에(프랑스 수상) 등 네 수뇌가 모인 이 회담에서 전쟁의 위험을 피하기 위해 수데텐의 독일 합병이 인정되었다.

▸ 이 때 이루어진 협약을 무시하고 독일은 체코슬로바키아를 병합, 폴란드의 메멜(Memel)에 침입하여 제2차 세계대전 발발의 도화선을 만들었다.

● 제 2차 세계대전(World War Ⅱ)

1939년 9월, 독 · 구소 불가침조약 체결 후 독일은 폴란드를 침략, 대전이 발발했다. 영 · 프의 대독(對獨) 선전과 독 · 구소련의 유럽 침략으로 확대, 독일은 1940년 6월 파리를 점령, 남부 프랑스에 비시 괴뢰정부를 세우기에 이르렀다. 한편 이탈리아도 참전하여 남부 프랑스에 침입했으며, 독일이 독 · 구소련 불가침조약을 파기하고 구소련에 침입함으로써 미 · 영 · 구소련의 공동전선이 구성되었다. 1941년 12월, 일본의 진주만 기습으로 세계대전으로 확대되었다. 그러나 연합국의 반격으로 1943년 9월에 이탈리아가, 1945년 5월에는 독일이 항복한 데에 이어, 1945년 8월 15일에는 마침내 일본도 항복함으로써 종전되었다. 이 전쟁은 전체주의에 대한 민주주의의 승리로 민주주의 발전과 과학의 진보를 가져왔으며, 동유럽 등에 구소련 위성국들이 생겨났고, 아시아 · 아프리카의 민족들이 식민지의 지배로부터 해방되어 독립하는 계기가 되었다. 전후 처리는 얄타회담과 포츠담 협정에서 검토되었다. 전후에 UN이 탄생했으며,

  🅠 우리나라 3대 시조집은?

미국을 중심으로 한 자유진영과 구소련을 중심으로 한 공산진영과의 대립 및 동서냉전(東西冷戰)이 시작되었다.

> ⇒ 뉘른베르크 재판 : 1945년 11월부터 10개월 간 독일의 뉘른베르크에서 열려 제2차 세계대전 도발국인 독일의 주요 전쟁범 죄인을 다스린 국제군사재판(國際軍事裁判)을 말한다. 미국·영국·프랑스·구소련이 법정을 구성하였으며, 독일의 괴링·리벤트로프 등 12명이 교수형, 24명이 종신형·금고형의 언도를 받았다.

● 국제연합(UN)

제2차 세계대전 후 설립된 현재 유일한 범세계적인 국제기관이다. 제1차 세계대전후의 국제연맹이 제2차 세계대전이 발발과 더불어 붕괴된 뒤를 이어, 세계평화의 유지와 인류복지의 향상을 목적으로 1945년 국제연합 헌장에 의해서 설립된 기구이다.

● 대서양헌장

제2차 세계대전 중 1941년 영국수상 처칠과 미국의 루즈벨트 대통령이 대서양에서 회담하여 전후의 세계질서에 대하여 발표한 8개조의 평화조항이다. 미국이 파시즘에 대항하는 일원으로서의 책임을 다하려는 의무와 결의를 표명한 것으로, 1943년 모스크바 3상회의에서 미·영·소의 대표가 평화기구를 설립하는 근거가 되었다.

● 백화제방·백가쟁명(百花齊放·百家爭鳴)

누구든지 학술연구 및 자기의 의견을 피력할 수 있다는 중국 문화정책의 슬로건으로 1956년부터 시작됐다. 마르크스주의가 다른 사상 중에서 지도적 지위를 차지한다 해도 처음부터 유일무이한 절대적 사상으로 강조되어서는 안된다며 1985년 30주년을 기념하여 다시 제창되었다.

● 문화대혁명

1966년 5월부터 1976년 10월에 걸쳐 중국 전역에서 전개되었던 정치적 성격을 띤 문화운동을 일컫는다. 1958년 대약진, 인민공사화정책이 식량위기를 초래하면서 실패한 뒤 그 책임을 지고 물러났던 모택동, 진백달, 강청 등이 실용주의적 노선의 유소기집단에 대해 대중을 동원하여 정치적으로 도전했던 것이 이 운동의 본질적 성격이다. 그러나 모택동의 죽음과 4인방의 몰락, 등소평의 부활로 문혁은 1977년 종료가 공식적으로 선언되었다.

● 천안문사태

1989년 6월 4일 천안문광장에서 호요방(4월 18일 사망) 당총서기의 명예회복과 민주화를 요구하는 학생들과 시민들을 무력으로 진압한 유혈사태다. 군의 발포로 수천명의 사망자가 발생했으며, 등소평이 강택민에게 중요 직책을 이양하는 계기가 되었다. 이때 대자보가 등장했다.

3 국문학

● 공무도하가(公無渡河歌 ; 공후인)

남편의 죽음을 애도하는 슬픈 내용을 담은 노래로, 우리나라 고대가요 중 가장 오래된 작품이다. 원시 집단가요에서 개인적인 서사시가 발생하는 과정을 보여주는 작품으로 문헌상으로는 우리나라에서 가장 오래된 서정시이다. 고조선의 백수광부(白首狂夫)의 처가 지은 것으로, 한치윤의 「해동역사(海東繹史)」에 배경설화와 함께 실려 있다. 일명「공후인」이라고도 한다. 출전을 중국 진(晉)나라 최표(崔豹)가 지은 「고금주(古今注)」로 잡기도 하는데, 「해동역사」에서 전거로 밝힌 데 따른 것이다.

▶ 뱃사공 곽리자고의 아내 여옥이 지었다는 설도 있다.

● 황조가(黃鳥歌)

고구려 제2대 유리왕(儒璃王) 3년(BC 17)에 유리왕이 지은, 사랑을 잃은 슬픔을 노래한 고대시가이다. 집단적인 서사문학에서 개인적인 서정문학으로 옮아가는 단계의 노래로 내용이 전하는 유일한 고구려 가요이다. 「삼국사기」 고구려 본기에 전한다.

▶ 국문학사상 사랑을 주제로 한 서정시의 효시이며, 4언 4구체의 한역가이다.

● 구지가(龜旨歌)

가락(駕洛)의 건국신화에 들어 있는 신요(神謠)로 가락국 아홉 추장(九干)들이 2, 3백 명의 군중과 함께 왕이 나타나기(새로운 생명의 탄생)를 바라며 부른 현존하는 가장 오래된 집단무요(集團舞謠)이다. 4언 4구체의 주술성이 강한 국문학 발생 초기의 노동요(勞動謠)로 「삼국유사」가락국기에 전한다.

▶ 이와 비슷한 노래로 신라 성덕왕 때의 가요 「해가(海歌)」가 있다.

● 도솔가(兜率歌)

국문학사상 집단적인 서사문학과 개인적인 서정시의 교량적인 고대시가

Q 삼한 때 마한을 중심으로 제사를 지내던 신성한 장소는?

이다. 신라 제3대 유리왕 5년(AD 28)에 지어진, 우리나라 가악(歌樂)의 효시인 작품으로 짓게 된 사정과 과정이 「삼국사기」에 전할 뿐 가사와 지은이는 전하지 않는다. 이 고대시가와 명칭이 같은 향가로서 신라 경덕왕 때에 월명사(月明師)가 지은 「도솔가」가 있다.

▶ 4구체 향가인 「도솔가」(월명사 지음)는 「산화가」라고도 하며 「삼국유사」에 향찰(鄕札)로 전한다.

● 정읍사(井邑詞)

행상(行商)의 처가 행상 나간 남편의 무사함을 기원하는 현전하는 유일한 백제의 가요이며, 국문으로 전해지는 가장 오래된 고대시가라는 점에 그 문학사적 의의가 있다. 3연 6구로 된 3국 속악으로 고려와 조선시대에 궁중음악으로 쓰였으며, 「악학궤범」에 채록되어 전한다.

▶ 백제의 노래이나 고려속요(高麗俗謠)와 함께 조선 초에 채집되어 전하기 때문에 문학형식을 고려 속요로 보기도 한다.

● 향가(鄕歌)

통일신라에서 고려 초에 이르기까지 민간에 널리 불린 우리나라 고유의 시가로 향찰로 기록되어 있다. 사뇌가(詞腦歌)라고도 하는 이 시가의 내용은 불교적이고 무속적이며 집단제의적 성격에 자연과 인생에 대한 깊은 통찰, 화랑정신을 밑바탕으로 한 안민이세(安民理世)의 높은 이념까지 내포하고 있다. 승려 일연이 지은 「삼국유사」에 14수, 혁련정이 지은 「균여전」에 11수, 합해 25수가 전한다.

▶ 삼대목(三代目) : 신라 제51대 진성여왕 때 위홍과 대구화상이 신라 시대의 향가를 수집하여 엮은 책이다. 문학사상 최초의 가집으로, 책 제목만 전할 뿐 내용은 전하지 않는다.

예문 향가의 성격과 전해지는 문헌, 그리고 향가작품과 작가를 묻는 문제가 출제됨

■ 주요향가작품(삼국유사 수록) ■

작 품	작 자	연 대	형 식
서 동 요 (薯童謠)	백제무왕	진평왕 때	4구체
혜 성 가 (彗星歌)	융 천 사	진평왕 때	10구체
원왕생가 (願往生歌)	광 덕	문무왕 때	10구체
모죽지랑가 (慕竹旨郎歌)	득 오	효소왕 때	8구체
헌 화 가 (獻花歌)	실명노옹	성덕왕 때	4구체
원 가 (怨歌)	신 충	효성왕 때	10구체
도 솔 가 (兜率歌)	월 명 사	경덕왕 때	4구체
제망매가 (祭亡妹歌)	월 명 사	경덕왕 때	10구체
찬기파랑가 (讚耆婆郎歌)	충 담 사	경덕왕 때	10구체
안 민 가 (安民歌)	충 담 사	경덕왕 때	10구체
처 용 가 (處容歌)	처 용	헌강왕 때	8구체

● 서동요(薯童謠)

현전하는 향가 중 가장 오래된 작품으로 신라 진평왕 때 서동왕자가 선화공주를 꾀어내기 위해 사용한 참요(讖謠 ; 예언하는 노래)이다. 4구체이며 향가 중 유일한 동요로 「삼국유사」에 전한다.

▸ 서동왕자는 백제 무왕이 된다.

● 헌화가(獻花歌)

신라 성덕왕 때 순정공이 강릉태수로 부임하던 중 수로부인이 벼랑 위에 핀 철쭉을 탐내었을 때 견우노옹이 이 노래를 지어 부르며 꽃을 꺾어바쳤다고 한다. 4구체의 향가로 「삼국유사」 수로부인조에 전한다.

▸ 「삼국유사」 수로부인조에는 「헌화가」와 더불어 「해가」가 함께 전한다.

● 제망매가(祭亡妹歌)

신라 제35대 경덕왕 때 월명사가 죽은 누이의 명복을 빌며 극락왕생을

Q 중국의 4대 기서(奇書)는?

염원한 10구체의 노래이다. 불교적 신앙심이 나타나 있는 노래로 「찬기파랑가」와 더불어 향가 중에서 표현기교와 서정성이 뛰어난 작품이다. 「삼국유사」에 전한다.

▮▮▶ 월명사가 지은 다른 하나의 향가는 「도솔가」이다.

● 찬기파랑가(讚耆婆郞歌)

신라 제35대 경덕왕 때 충담사가 기파랑을 추모하여 지은 시가로 표현기교가 뛰어난 향가의 대표작이다. 10구체로 되어 있으며 표현에서 문답법과 은유법을 사용한 탁월한 시가이다.

▮▮▶ 충담사는 경덕왕의 명에 의해 치민(治民)을 위한 「안민가」를 짓기도 했다.

● 처용가(處容歌)

신라 제49대 헌강왕 때 처용에 의해 불린 8구체의 향가이다. 벽사진경의 민요에서 형성된 무가로 의식무 또는 연희의 성격을 띠고 고려와 조선시대까지 계승되었다. 「삼국유사」에 전한다.

▮▮▶ 처용은 동해 용왕의 아들이라고 기록되어 있다.

● 이두(吏讀)

삼국시대부터 우리나라 지명 · 인물을 표기하기 위하여 한자의 음과 뜻을 빌려서 우리나라 말을 표기하는 데 쓰이던 일종의 표음문자이다. 좁은 뜻으로는 한자의 음과 새김을 빌려서 한문을 국어로 고쳐 읽기 위해 몇몇 명사와 부사, 접미사 · 조사를 표기하는 데 썼던 문자이다. 신라 신문왕 때 설총이 총정리 하였다.

▮▮▶ 구결(口訣) : 이두의 영향을 받아 만들어진 것으로, 한문을 읽을 때 구두점 자리에 국어의 격 또는 활용어미를 단 것이다. 토라고도 한다.

● 향찰(鄕札)

신라 때 한자의 새김(訓)과 음을 빌려 우리말을 적던 일종의 표음문자이다. 이를 이두와 구별하지 않는 학자도 있으나 이두는 한문이 주가 되는 글에서 토로 쓰던 부분에 한한 것이며 우리말 전부를 적던 향가식 표기법을 향찰이라고 한다.

◤ 우리나라에서 향가 해독을 맨 처음 시도한 이는 양주동 박사이다.

◉ 우중문에게 주는 시(與隋將于仲文詩)

고구려 영양왕 23년에 수의 침공으로 벌어진 '살수대첩'에서 고구려 장군 을지문덕이 적장 우중문을 조롱하며 퇴군을 유도하는 시이다. 5언고시로 된 국문학상 최초의 한시이다.

◉ 화왕계(花王戒)

신라 신문왕 때의 석학 설총에 의해 지어진 창작설화로서 우의적인 단편 산문이다. 꽃을 의인화하여 임금에게 충고하는 글로서 우리나라 문학에서 소설적 구성을 보인 최초의 작품이며, 가전체 소설의 원류가 되기도 하는 이 작품은 후대 한문소설에 큰 영향을 주었다. 「삼국사기」열전에 실려 전한다.

◤ 「화왕계」를 쓴 설총은 신라 10현의 한 사람으로 한자의 새김과 음을 빌려 우리말을 표기하는 표음문자 이두를 정리하기도 했다.

◉ 토황소격문(討黃巢檄文)

신라 헌강왕 때의 학자 최치원이 당나라에 유학하고 있을 때, 황소의 난으로 당나라조정이 어려움에 처하자 자원, 이 글을 써 붙여 황소의 간담을 서늘하게 만들었다는, 신라인으로서 당나라 사람들까지 놀라게 한 명문으로 최치원의 명성을 천하에 떨치게 한 글이다. 당나라에서 유행하던 변려문으로 씌어졌으며 「계원필경」에 전한다.

◤ 최치원은 한국 한문학의 비조라고 일컬어진다.

 Ｑ 대조영이 말갈인과 고구려 유민을 모아 만주에 세운 나라는?

◉ 계원필경(桂苑筆耕)

신라 헌강왕 때 문장 최치원이 지은 문집이다. 전 20권 4책으로 되어 있으며, 잡지·부·표·격·소·제문·서 등이 실려 있다.

▸ 현전하는 개인문집으로는 우리나라 최초의 것이다.

◉ 악장가사(樂章歌詞)

편찬자와 편찬연대가 분명치 않은(대체로 조선조 중종~명종 사이로 본다) 시가집으로, 악장과 속요를 싣고 있으며 현전하는 시가집 중 가장 오래되었다. 「청산별곡」「서경별곡」「가시리」「사모곡」「정석가」「처용가」 등의 고려 속요와 조선 초기의 작품 등 24편이 한글로 수록되어 있어, 고대가요 연구에 귀중한 자료가 된다.

➠ 「악학궤범(樂學軌範)」「시용향악보(時用鄕樂譜)」와 더불어 고려 가요를 연구하는 데 없어서는 안 될 귀중한 자료이다.

◉ 수이전(殊異傳)

고려 문종 때 박인량이 지었다는 우리나라 최초의 설화집으로, 책은 전하여지지 않고 그 일부분이 「삼국유사」「대동운부군옥」「해동고승전」「필원잡기」 등에 전한다.

➠ 지은이가 최치원이라는 설도 있다.

◉ 계림유사(鷄林類事)

송나라의 손목이 우리말 350여 단어를 추려 한자로 기록한 고려어 학습서이다. 고려 제15대 숙종 때 만들어진 것으로 고려시대의 우리말을 연구하는 데 귀중한 자료이다.

➠ 일부만 전해지지만 국어 음운현상의 절대적 연대기를 수립 가능케 하는 중요한 자료이다.

◉ 삼국사기(三國史記)

고려 인종 때 김부식이 지은 신라·고구려·백제 삼국에 대한 현존하는 최고의 역사서이다. 유교사관에 의해 씌어진 역사책으로, 사마천의 「사기(史記)」를 본뜬 기전체의 사서이며, 본기·연표·지·열전의 50권으로 되어 있다. 삼국시대의 유일한 정사로서 역사서술에 치중되었으나, 열전에는 설화적인 요소가 많이 기술되어 있다.

 Q 올림픽 경기 입장식에서 제일 먼저 입장하는 나라는?

▯▶ 이 책은 여대(麗代)에 이루어진 설화문학서로 일연의 「삼국유사」와 더불어 국문학의 중요한 자료
가 된다.

● 정과정(鄭瓜亭)

고려 의종 때 정서가 지은 10구체의 가요로 동래로 귀양가 있으면서 임
금(의종)을 그리워하는 마음과 자기의 억울한 사정을 노래한 것이다. 「동
국통감」과 「악학궤범」에 각각 '정과정' · '삼진작(三眞勺)' 이라는 가사와
곡조의 이름이 실려 있다.

▯▶ 충신연주지사로 고려 가요 중 작자를 알 수 있는 유일한 작품이다.

● 동명왕편(東明王篇)

고려 명종 때 문인 이규보가 지은 장편 서사시이다. 고구려 시조인 동명
왕의 영웅적 행위를 5언의 운문체로 읊은 영웅서사시로, 해모수 · 하백
등 많은 영웅과 유화 · 훤화 등 미녀들이 등장하고, 그 활동무대는 북방
대륙에서 남반도까지의 광활한 땅이다. 「동국이상국집(東國李相國集)」
에 실려 전한다.

▯▶ 사대적이고 모화적인 김부식의 「삼국사기」 때문에 민족적 자부심을 일깨우기 위한 것이 창작 동
기이다.

● 국순전(麴醇傳)

고려 때 임춘이 지은 가전체 설화이다. '술' 을 의인화하여 세태를 풍자
한 것으로 정치적 비판에 계세징인을 목적으로 한 교훈적 풍자의인설화
이다. 엽전을 의인화한 임춘의 또 다른 가전체설화「공방전(孔方傳)」과
더불어 조선조 초기 가전체 소설에 끼친 영향이 컸다. 「동문선(東文選)」
에 수록되어 전한다.

▯▶ 가전체문학(假傳體文學) : 술 · 엽전 등의 사물을 의인화하여 창작된 고려 중기의 설화작품이다.
설총의 「화왕계」가 그 시초이다.

패관문학(稗官文學)

고려 때 문인학자들이 문장취미로 항간에 떠도는 이야기를 한문으로 쓴 기록문학이다. 이것이 점점 발달해 전기·시화들이 지어지게 되었다. 패관문학은 「파한집」「보한집」「백운소설」「역옹패설」 등에서 찾아볼 수 있다.

▶ 패관문학이란 말은 김태준의 「조선소설사」 이후 우리 문학사에 두루 쓰이게 되었다.

백운소설(白雲小說)

고려 때 이규보가 지은 시화문담집(詩話文談集)이다. 소설이라기보다는 작품해설 또는 비평문의 초보적 형태로 고대소설을 이룬 패관문학의 하나이다.

▶ '소설'의 명칭이 붙어 있어 소설의 어원고찰에서 빼놓을 수 없는 작품이다.

경기체가(景幾體歌)

고려 고종 때 발생해 조선 중종 때까지 약 350년간 계속된 장가(長歌)이다. 귀족들의 파한적이고 풍류적인 생활을 읊은 귀족문학으로, 그 형식에서는 기본형·변격형·파격형으로 나눌 수 있으며, 3·3·4조로 되어 있다. 대표적인 작품으로 「한림별곡」「관동별곡」「죽계별곡」등이 있다.

작품명	연 대	작 자	내　　　용	출 전
한림별곡 (翰林別曲)	고종 3 (1216)	한림제유 (翰林諸儒)	문신들의 풍류적인 멋을 읊은 것으로 8연으로 됨, 한자와 한글로 되어 있음.	고려사악지 악장가사, 악학편고
관동별곡 (關東別曲)	충숙왕 17 (1330)	안 축 (安軸)	관동의 절경을 읊은 것으로 8연으로 됨. 이두문이 쓰임.	근 재 집
죽계별곡 (竹溪別曲)	충숙왕 때	안 축 (安軸)	고향의 경치를 읊은 것으로 8연으로 됨. 이두문이 쓰임.	근 재 집

▶ '경(景)긔엇더ᄒ 니잇고'라는 후렴구에 따라 '경기하여가'라고도 하고 제목에 '별곡'이란 말이 붙어 '별곡체'라고도 한다. 경기체가의 지은이는 대부분 귀족 특권층이거나 귀족문인으로 고려 속요에 비해 귀족문학이었다. 따라서 국민문학으로 성장하지 못하고 일찍 소멸했다.

 Q 국·한문 혼용으로 된 우리나라 최초의 기행문은?

● 삼국유사(三國遺事)

고려 제25대 충렬왕 11년(1285)에 승려 일연이 지은 책으로, 정사「삼국
사기」에 비해 건국이래 삼국시대까지의 이면사이다. 신화 17편, 전설
108편, 민담 18편, 불교연기설화 228편이 수록되어 있어 설화문학의 보
고이다. 특히 향찰로 신라의 향가 14수가 실려 있어 국문학상 불후의 가
치를 지니고 있다.

▶ 단군신화는「삼국유사」에 처음 실렸고,「제왕운기」「응제시주」「세종실록지리지」「동국여지승람」
「규원사화」등에 실려 있다.

◉ 단군신화가 기록된 문헌을 묻는 문제가 출제됨

● 제왕운기(帝王韻紀)

고려 충렬왕 때 학자 이승휴가 중국과 고려 왕조의 역사를 각각 칠언시,
오언시로 기록한 책이다. 전 2권으로 되어 있으며, 문학과 역사연구에
귀중한 자료가 된다.

● 동동(動動)

작자·연대 미상인 고려가요로, 모두 13연으로 된 월별로 그 달의 자연
경물이나 행사에 따라 남녀의 애정을 읊은 월령체가이다. 제목의 명칭은
후렴 '아으 동동(動動)다리'에서 연유하며, 고려조에 구전되어 오던 것
이 조선조에 한글로「악학궤범」에 수록되었다.

▶ 고려가요는 달리 고려속요·고려장가라고도 하는데, 경기체가가 귀족문학인데 비해 평민층이 누
리는 평민문학이다. 구전되어 오다가 훈민정음 창제 후에야 문자로 정착, 원래의 모습과는 많이
달라져 있다.

● 사모곡(思母曲)

작자 연대 미상인 고려가요로, 어머니의 사랑을 낫에, 아버지의 사랑을
호미에 비유해 어머니의 사랑이 아버지의 사랑보다 지극함을 읊은 노래
이다. 5구 단형의 서정시로「악장가사」「시용향악보」에 실려 전한다.

● 청산별곡(靑山別曲)

작자 · 연대 미상인 고려가요로 생의 고뇌와 현실도피적인 은둔자적 감정을 읊은 노래이다. 전 8연으로 되어 있으며 「악장가사」 「시용향악보」에 실려 전한다.

▸ 제목에 '별곡'이란 말이 있지만 「청산별곡」은 「서경별곡」과 더불어 「한림별곡」 「관동별곡」 「죽계별곡」등의 별곡체인 경기체가와는 다른 고려가요이다.

● 가시리

작자 · 연대 미상의 고려가요로, 임을 떠나 보내며 부른 이별의 노래이다. 전 4연으로 되어 있으며 일명 「귀호곡」이라고도 한다. 「악장가사」 「시용향악보」에 실려 전한다.

 Q 콜론(call loan)이란?

훈민정음(訓民正音)

조선조 제4대 세종대왕이 궁중에 정음청(正音廳)을 두고 성삼문·신숙주·최항·정인지·박팽년 등 집현전학자들에게 명하여 25년(1443)에 완성, 28년(1446)에 반포한 국문 글자의 명칭이다. '백성을 가르치는 바른 소리'라는 뜻으로, 독창적이며, 쓰기 편한 24자(당시 28자)의 소리글자이다.

예료 훈민정음을 반포한 해, 훈민정음으로 표기된 최초의 작품을 묻는 문제가 출제됨

용비어천가(龍飛御天歌)

세종 27년(1445)에 정인지·권제·안지 등이 왕명을 받아 왕가조상(목조·익조·도조·환조·태조·태종의 6대)의 성덕을 기리고 조선왕조 창업의 유래를 중국 고사에 비유, 하늘의 정하신 뜻임을 알리고 이를 찬송하여 지은 노래이다. 모두 125장으로 된 「용비어천가」는 훈민정음으로 적은 최초의 문헌으로 서문은 정인지가, 발문은 최항이 썼다. 우리 국문학사상 서사시로서 가치가 크며, 중세국어와 문법연구에 귀중한 자료가 된다.

⟹ 「용비어천가」 1, 2, 3, 4장 및 125장의 다섯 장에는 곡을 붙여 「치화평」「봉래의」「여민락」 등의 악곡을 만들어 조정의 향연에 사용했다.

석보상절(釋譜詳節)

세종이 세상을 뜬 소헌왕후의 명복을 빌기 위해 수양대군을 시켜 찬술하게 한 석가의 일대기이다. 「석가보」「법화경」「지장경」「아미타경」「약사경」 등에서 뽑아 훈민정음으로 번역한 것으로, 중세 국어 연구에 귀중한 자료가 된다.

⟹ 다른 불경 언해류와는 달리 문장이 아름다워 당시의 뛰어난 문학작품이라고 할 수 있다.

월인천강지곡(月印千江之曲)

세종이 지은 불교찬가로서 상·중·하 3권에 약 500여 수의 찬가가 실

려 있다. 원본의 체제는 전부 훈민정음으로 표기하고 한자음은 동국정운식 음으로, 해당 한자는 작은 글자로 써놓았다. 이 노래는 훈민정음 제정에 이어 국문으로 간행된 것으로서「용비어천가」다음가는 최고의 문헌으로 국어학 자료로서 귀중한 가치가 있다.

▶「용비어천가」와 더불어 조선조 초기 서사시의 쌍벽을 이루었으며, 또한 세종 어제라는 뜻에서도 가치가 크다.

● 동국정운(東國正韻)

세종 29년(1447), 집현전 학자 신숙주 등이 우리나라의 한자음을 중국 한자음에 보다 가깝게 새로운 체계에 의해 정리한 우리나라 최초의 음운서이다. 모두 여섯 권으로 되어 있으며, 우리말 연구에 귀중한 자료가 되고 있다.

▶ 명나라의 운서인「홍무정운」을 참고로 하였다.

● 월인석보(月印釋譜)

조선 세조 5년에「월인천강지곡」과「석보상절」을 합본하여 다시 펴낸 책이다. 이 책은 훈민정음 제정 이후 제일 처음 나온 불교관계 책으로, 당시의 글자와 언어를 그대로 보존하고 있어 귀중한 문헌이다.

▶「월인천강지곡」을 본문으로 하고, 그에 해당하는 내용의「석보상절」을 주석으로 붙였다.

● 금오신화(金鰲新話)

조선 세조 때 김시습이 지은 전기체 소설로 우리나라 최초의 고대소설이다. 비록 한문체로 된 작품이라고는 하나 소설의 형식에 가장 가까워 우리나라 소설 문학사상 의의가 크며, 일종의 단편소설집인「금오신화」에 실렸던 것으로 5편의 작품이 전한다. 명나라 구우의「전등신화」의 영향을 받았다.

▶ 설화적인 단순성을 지양한 고대소설의 최초 작품이「금오신화」이다.

⬛ 최초의 고대소설이 무엇인지를 묻는 문제가 출제됨

내훈(內訓)

조선조 성종 때 소혜왕후 한씨가 「소학」 「명심보감」 「여교」 「열녀」 4책에서 부도에 긴요한 것을 추려 언해해 낸 책이다.

두시언해(杜詩諺解)

당나라 시인 두보의 시를 세종 때 유윤겸이 주석하고, 성종 때 조위·의침 등이 번역, 전25권 19책으로 된 우리나라 최초의 번역시집으로서, 중세국어 연구에 귀중한 자료가 된다. 본제목은 「분류두공부시언해(分類杜工部詩諺解)」이다.

⟫ '언해(諺解)'란 한문을 훈민정음으로 번역하는 일이다.

가사(歌辭)

가사는 시조와 함께 조선 전기의 대표적 문학양식인데, 시조가 단가이고 서정적임에 대하여 가사는 장가이며, 서사적 시가이다. 가사는 대체로 고려가요와 경기체가에서 발전된 것으로 본다. 가사는 외형적으로 운문으로 되어 있으나, 내용에서는 산문에 가깝다. 그래서 가사를 산문정신이 가미된 운문이라고도 하고, 산문적 시 또는 시적 산문이라고도 한다. 가사는 정극인의 「상춘곡」에서 시작하여 송순의 「면앙정가」를 거쳐, 정철의 「양미인곡」에 이르러 절정을 보인 뒤, 조선 후기 박인로의 작품을 거치면서 급속히 산문화·장편화 되어 갔다. 가사는 내용에 따라 은일가사, 유배가사, 기행가사, 도덕가사, 전쟁가사, 포교가사, 내방가사 등으로 구분된다.

⟫ 가사의 발생에 관해서는 지금까지는 조선 초 발생설(정극인의 「상춘곡」)이 통설이었으나, 나옹화상의 「서왕가」로 보는 고려 말 발생설이 차츰 유력해지고 있다.

상춘곡(賞春曲)

조선 성종 때 정극인이 지은 안빈낙도의 풍류적인 생활을 주제로 한 가사로, 우리 가사문학의 효시가 된다. 정극인의 문집 「불우헌집」에 실려 전한다.

면앙정가(仁仰亭歌)

중종 19년에 면앙정 송순이 자연을 즐기는 풍류생활을 읊은 서경가사(敍景歌辭)이다. 이 가사는 정극인의 「상춘곡」 계통을 잇고 있으며, 다시 이것은 정철의 「성산별곡」에 영향을 끼침으로써 우리나라 가사문학 통서의 근간을 이루고 있다.

▶ 송순은 전라도 담양의 고향마을 뒷산에 면앙정을 짓고 거기서 산수의 아름다움을 즐기며 많은 작품을 남겼다.

관동별곡(關東別曲)

선조 13년 송강 정철이 읊은 기행가사이다. 강원도 관찰사로 부임해 관동팔경과 해·내·외금강 등의 절승지를 유람하며, 산수·풍경·고사·풍속 등을 읊은 것이다. 세련된 조사와 율조, 은유와 직유, 점층법과 대구법을 적절히 구사한 탁월한 작품이다.

▶ 정철은 조선의 문신으로, 동인의 탄핵을 받아 만년을 유배생활로 보냈다. 특히 가사문학의 대가로, 「성산별곡」「사미인곡」「속미인곡」 등 많은 가사작품과 시가가 전한다.

사미인곡(思美人曲)

정철이 연군(戀君)의 정을 읊은 가사로, 사계절의 변화를 봄으로써 우러나는 임금에 대한 사모의 정을, 한 여인이 생이별한 임을 그리는 심경에 기탁하여 읊은 뛰어난 충신연주지사(忠臣戀主之詞)이다. 정철의 우리말 구사의 극치를 보여준 작품으로, 「관동별곡」「속미인곡」과 더불어 가사문학의 절정을 이룬다.

누항사(陋巷詞)

광해군 때 노계 박인로가 지은 가사 작품으로 두메생활의 빈이무원하고

Q 칸타빌레의 뜻은?

안빈낙도하는 청렴한 선비의 즐거움을 읊은 것이다.

⬛▶ 박인로는 정철에 비해 언어의 세련미가 부족하며, 사상적 기조는 유교적 인륜주의이다.

◉ 악학궤범(樂學軌範)

조선 성종 24년(1493)에 성현 · 유자광 · 신말평 등이 음악의 원리, 악기 배열법, 무용 절차 등을 백과사전식으로 서술한 9권 3책으로 된 책이다. 고려의 속요 「동동」 「처용가」 「정석가」 「정과정곡」 등이 한글로 수록되어 있어 시가문학 연구에 귀중한 자료가 된다.

⬛▶ 조선시대 유일의 악전으로 가사의 내용이 주가 된 「악장가사」, 곡조를 위주로 한 「시용향악보」에 비하여 음악이론과 제도를 다루고 있다.

◉ 훈민정음해례(訓民正音解例)

훈민정음 창제에 대한 원리와 초성 · 중성 · 종성에 대한 해설과 용례 등이 적혀 있는 것으로, 세종과 집현전 학자들에 의해 세종 25년에 만들어졌다. 원본 훈민정음에 수록되어 전하며 국어관계의 주요 저서로서 학술적 가치가 크다.

⬛▶ 「훈민정음해례」 「훈몽자회」 외에 중세국어 연구에 중요한 문헌으로는 우리나라 최초의 운서 「동국정운」이 있다.

◉ 훈몽자회(訓蒙字會)

중종 때 최세진이 쓴 어린이 한자교본이다. 상 · 중 · 하 3권 1책으로 되어 있으며, 한자 3,360자에 대해 국문으로 훈과 음을 달아 옛말 연구에 귀중한 자료가 된다.

◉ 시조(時調)

시조는 고려 말기에 형태가 완성되어 조선조에 들어와 꽃을 피운, 우리의 민족 정서를 담은 고유한 정형시가이다. 한시만을 최선으로 믿어왔던 유학자들이 시조에 관심을 갖게 되고 이를 즐기게 됨으로써, 조선시대

시조는 유교적인 현실주의 문학으로 발전하였다. 시조는 본디 단시조(單時調)였으나, 그것만으로는 체계적인 사상을 표현하기 힘들게 되자, 여러 수의 시조를 묶어 한 편을 이루는 연시조(連時調)가 개발되었다. 종류에는 평시조·엇시조·사설시조가 있다.

▐▶ 우리나라 시가 변천은 향가→고려가요→시조로 이어진다.

작 품	연 대	작 자	내 용
강호사시가 (江湖四時歌)	세 종	맹 사 성 (孟思誠)	4수. 일명「사시한정가(四時閑情歌)」. 최초의 연시조 (連時調)
오 륜 가 (五倫歌)	중 종	주 세 붕 (周世鵬)	6수. 삼강오륜(三綱五倫)을 노래한 교훈적인 내용.
어 부 사 (漁父詞)	중 종	이 현 보 (李賢輔)	5수. 장가 9편을 포함. 윤선도(尹善道)의 「어부사시사 (漁父四時詞)」에 영향을 줌.
도산십이곡 (陶山十二曲)	명 종	이 황 (李滉)	2수. 일명 「도산 6곡(陶山六曲)」. 자연의 관조와 학문 수양의 길을 노래함.
고산구곡가 (高山九曲歌)	선 조	이 이 (李珥)	10수. 일명 「석담구곡(石潭九曲)」. 주자의 「무이구곡 가(武夷九曲歌)」를 본뜸.
훈 민 가 (訓民歌)	선 조	정 철 (鄭澈)	16수. 오륜과 도덕을 노래함. 「경민편(警民篇)」이라고 도 함.
장진주사 (將進酒歌)	선 조	정 철 (鄭澈)	1수. 최초의 사설시조(辭設時調), 가사(歌辭)로 보는 견해도 있음. 이백(李白)의 「장진주」에서 영향을 받은 권주가.

▐▶ 시조는 송순, 황진이 등에 의하여 문학성이 심화되었고, 정철도 뛰어난 시조작가였다. 유학자들의 작품이 관념적인 경향으로 흐른 데 대하여, 기녀들의 작품은 고독과 한에 젖은 정서를 정교하고도 아름답게 표현하였으며, 이러한 교방시조(敎坊時調)는 시조 발전에 크게 공헌하였다.

● 청구영언(靑丘永言)

영조 4년에 김천택이 엮은 시조집으로 곡조별로 분류되어 있다. 가장 오래된 시조집으로 시조 998수를 시대순으로 엮어놓았으며, 가사 17편을 수록하였다.

Q 암병동·수용소군도를 쓴 구소련의 작가는?

▣▶ 조선 3대 시조집 : 김천택의 「청구영언」, 김수장의 「해동가요」, 박효관 · 안민영의 「가곡원류」를 3대 시조집이라 일컫는다.

● 해동가요(海東歌謠)

조선 영조 39년에 김수장이 엮은 시조집으로 모두 883수를 작가에 따라 분류 · 편찬하였다.

▣▶ 「해동악장」 또는 「청구악장」이라고도 한다.

● 가곡원류(歌曲源流)

고종 때 박효관과 그 제자 안민영이 공동으로 엮은 시조집이다. 시조와 가사 820여 수를 곡조의 종류에 따라 남창과 여창의 둘로 나누어 편찬했다.

● 어부사시사(漁父四時詞)

조선 효종 때 고산 윤선도가 지은 시조(연시조)이다. 춘하추동 각 10수씩 모두 40수로, 윤선도가 유배되어 살았던 어촌의 자연풍물과 어부의 생활을 주제로 하여 우리나라 말의 아름다움을 살려 창작한 '어부가' 로서의 대표작이다. 「고산유고」에 실려 전한다.

▣▶ 윤선도는 시조문학을 완성시킨 대표적인 시조작가이다.

● 한중록(恨中錄 ; 閑中錄 ; 閑中漫錄)

조선 정조 때 사도세자의 빈 혜경궁 홍씨가 남편 사도세자의 비극을 내간체로 쓴 궁중소설 · 궁중수기이다. 영조가 사도세자를 뒤주 속에 가두어 굶겨 죽인 실제의 참사를 중심으로, 홍씨 만년에 궁중의 음모, 당쟁, 자신의 일생을 회고한 자서전적 회고록이다. 궁중비극을 다룬 「인현왕후전」과 함께 궁중문학의 쌍벽을 이루고 있으며, 한글로 된 산문문학으로서 국문학사상 귀중한 가치를 지닌다.

▣▶ 인현왕후전(仁顯王后傳) : 숙종과 민비와 장희빈에 얽힌 이야기를 어느 궁녀가 기록한 궁중소설이다.

◉ 계축일기(癸丑日記)

성명 미상의 궁녀가 국문으로 쓴 일기체로 된 궁중수필 또는 궁중소설이다. 광해군이 인목대비와 영창대군을 없앤 비극을 내용으로 한 것으로, 사실적 수법으로 영창대군을 둘러싼 궁중생활을 생생히 묘사하고 있다. 일명 「서궁록」이라고도 한다.

➠ 「한중록」, 「인현왕후전」과 더불어 궁중 비사를 그린 3대 궁중문학이다.

◉ 조침문(弔針文)

순조 때 유씨부인이 아끼던 바늘을 부러뜨리고 섭섭한 심정을 적은 추도문 형식으로 된 고대수필이다. 의인법과 과장법을 주된 수사법으로 활용한 국한문 혼용체의 작품으로 「규중칠우쟁론기」, 「의유당일기」와 함께 여류 수필의 대표작이다.

➠ 「제침문」이라고도 한다.

◉ 춘향전(春香傳)

작가·연대 미상의 남녀간의 사랑을 그린 애정소설로 고대소설의 대표적 작품이다. 주인공인 이몽룡과 기생의 딸 춘향의 신분을 초월한 사랑 이야기를 중심으로 당시 사회적 특권계급의 횡포와 농민들의 감정을 묘사하고 있다. 특히 변학도로 대표되는 관권에 대한 천민의 항거와 자의식의 발로, 춘향과 이도령의 계층을 뛰어넘은 사랑은 신분적 제약에서 벗어난 인간적 해방으로 평가되고 있다.

➠ 「춘향전」은 성격상 애정소설이며, 발생과정상으로는 적층문학인 판소리계 소설이다.

◉ 구운몽(九雲夢)

숙종 15년 서포 김만중이 남해로 귀양가 있을 때 어머니의 파한(破閑)을 위해 지은 명작으로 주인공 성진이 팔선녀와 함께 인생에서 부귀공명을 누리다가 인간 윤회의 꿈에서 깨어난다는 내용의 이상소설이다. 이 작품은 뒤의 「옥루몽」, 「옥련몽」 등 몽자류 소설의 효시가 되었다.

▸ 우리나라 소설 중 최초로 영문으로 번역, 외국에 소개되었다(J. S. Gale, The Cloud Dream of the Nine, 1922).

● 사씨남정기(謝氏南征記)

김만중이 쓴 가정소설이다. 숙종이 장희빈에게 미혹되어 인현왕후를 폐출한 현실을 묘사, 비판한 사실주의적 소설로 낭만주의적인 이상소설 「구운몽」과는 다른 문학적 태도를 보여준다.

▸ 가정소설에는 「사씨남정기」, 「옥련몽」, 「장화홍련전」, 「콩쥐팥쥐」 등이 있다.

● 서포만필(西浦漫筆)

숙종 때 문인 김만중의 평론과 수필을 모은 문집이다. 제자백가 중에서 의문되는 대목을 밝히고, 책 끝에 신라 이후 조선조까지의 이름난 시에 대하여 간단한 평을 실었다. 특히 송강가사를 중점적으로 논하고, 국문학은 국어로 표기해야 한다는 국어존중론을 폈다.

▸ 국어존중론은 당시로서는 놀랄 만큼 진보적이고 주체적인 견해이다.

● 홍길동전(洪吉童傳)

조선 광해군 때 교산 허균의 작품으로 국문으로 된 고대소설의 효시이다. 적서차별의 폐지, 탐관오리 규탄 등 봉건적인 사회제도의 개혁을 주장하며 이상사회의 실현을 그린 저항정신이 짙게 깔린 평민문학이다. 작중에서 '율도국'이라는 이상국가를 내세운다. 중국 「수호지」의 영향을 받은 사회소설로, 형식상·내용상 근대소설의 선구가 되었다.

▸ 사회소설이란 작가가 현실 사회의 모순을 적극적으로 개선하겠다는 문학관에 입각하여 창작한 작품이다. 이에는 「홍길동전」 외에도 「전우치전」이 있다.

● 임진록(壬辰錄)

임진왜란 뒤에 씌어진 것으로 짐작되는 역사소설이며 군담소설이다. 패전에 대한 정신적 보상과 승리를 주제로 하여 임진란의 고난을 극복해

낸 민족의 의지와 정신적 승리감을 표현, 민족사기를 진작시키고 왜적에 대한 설욕을 시도한다. 강홍립·김응서 장군의 보복정벌과 사명대사의 항왜설화(降倭說話)를 통해 대왜 감정을 나타내었다.

▶ 군담소설에는 「곽재우전」「유충렬전」「임경업전」「박씨전」이 있다.

심청전(沈淸傳)

작자·연대 미상의 지극한 효성을 주제로 한 판소리계 소설(설화소설)이다. 이 작품은 유교의 근본사상인 효를 바탕으로 하고 있으나, 불교와 도교적인 사상도 융합되어 있다. 「심청전」의 근원이 되는 설화로, 효녀 지은의 '연권녀설화', '거타지설화' 등이 있으며, 이밖에 일본이나 인도에도 비슷한 설화가 있다.

▶ 설화소설은 「심청전」 외에 「장끼전」, 「흥부전」, 「왕랑반혼전」 등이 있다.

허생전(許生傳)

조선 정조 때의 실학자 연암 박지원이 지배층인 양반과 위정자들의 무능을 비판하고 자아각성을 촉구한 풍자소설로 한문으로 씌어져 있다. 박지원은 이 작품에서 정치적 경제적 사회적 정책을 제시하고, 국가정책의 급선무는 현실적인 생활문제의 해결임을 깨우친다. 그 방법으로 무역의 필요성을 제시한다.

▶ 연암소설의 특징 : ① 소재를 현실에서 취했다. ② 간결한 문장으로 등장인물의 심리까지 사실적으로 묘사했다. ③ 자주적인 실학사상을 담고 있다. ④ 근대문학적인 성격을 띠었다.

열하일기(熱河日記)

실학자 박지원이 정조 4년(1780)에 지은 열하(중국 지명) 기행문집이다. 청나라 사절단을 따라 열하에 들러 견문한 문물제도를 풍속·경제·병사·천문·문학 등의 분야로 나누어 기록한 책이다. 여기에는 한문소설 「허생전」「호질」「양반전」 등이 있으며, 「열하일기」는 「연암집」에 실려 있다.

Q 호연지기(浩然之氣)를 주장한 사람은?

● 신체시(新體詩)

신체시라는 명칭은 고시가에 대한 대칭으로서 쓰인 것이며, 신시라고도 한다. 신체시는 민족사상의 고양, 소년의 기개와 포부 등 민족주의의 선양과 계몽을 주된 내용으로 하였다. 정형시와 근대시와의 가교로 3·4조, 7·5조의 운율을 가진 것이 대부분이었고, 개화의식·자주독립의식·신교육·남녀 평등사상을 담고 있었다. 신체시의 주요 작가는 최남선과 이광수·신채호 등이었다.

[illegible]▶ 최초의 신체시는 「해(海)에게서 소년에게」를 든다. 새로운 자료로 1898년 「협성회보」에 발표된 이승만의 「고목가」가 발견됨으로써, 이것이 신체시의 효시가 된다는 설도 있다.

● 해(海)에게서 소년(少年)에게

1908년 「소년」에 발표된 최초의 신체시로 육당 최남선의 작품이다. 신문화의 주인공인 소년들의 씩씩한 기상을 찬양한 노래로 자유율을 취하고 있으나, 계몽성 고수, 언어 기교의 미숙 등 아직 자유시라 할 수는 없다. 전 6연으로 되어 있다.

▶ 영국 시인 바이런의 「대양」(大洋 ; The Ocean)에서 영향 받은 작품으로 알려져 있다.

● 신소설(新小說)

갑오경장 이전의 고대소설에 대하여 새로운 내용, 형식, 문체로 이루어진 갑오경장 이후의 과도기적 소설을 이른다. 1906년 「혈의 누」를 시작으로 하여 약 10년 동안 수백 편의 작품이 지어졌다. 신소설은 고대소설과 현대소설의 교량적 역할을 한 과도기적 문학으로, 개화사상을 고취했다. 언문일치에 가까운 산문으로 자주독립·자유연애·신교육권장·인습과 미신타파 등을 주제로 했으며, 대표적인 작가로는 이인직·이해조·최찬식·안국선·김교제·이상협 등이 있다.

▶ 신소설은 이인직의 「혈의 누」「귀의 성」, 이해조의 「자유종」, 최찬식의 「추월색」 등의 순수한 창작물과 이해조의 「철세계」, 조중환의 「장한몽」 등의 외국소설 번안물, 이해조의 「옥중화」「토의

간」 등 우리나라 고대소설을 개작한 것 등이 있다.

고대소설 · 신소설 · 현대소설의 비교

구분	고 대 소 설	신 소 설	현 대 소 설
주 제	권선징악	계몽사상	새 인간형의 창조
체 제	주인공의 일대기	한 과제를 다루려 함	한 과제의 필연적인 전개
배 경	비현실적	현실적	진실의 세계
결 말	해피 엔딩	해피 엔딩이 많음	헤피 엔딩이 적음
문 체	운문적이며 상투어가 많음	언문일치의 방향으로 나아감	완전한 언문일치
인 물	전형적 · 유형적	선구자적	다양한 신인간형이며 개성적

예문 최초의 신체시, 최초의 신소설을 묻는 문제가 출제됨

혈(血)의 누(淚)

국초(菊初) 이인직이 1906년 「만세보」에 연재 · 발표한 최초의 신소설로 이것이 전편이 되며, 후편은 1913년 「매일신보」에 발표된 「모란봉」이다. 신교육사상과 여권신장을 바탕으로 자유연애 결혼을 내세운 작품으로 고대소설의 문체를 버리지 못한 곳도 있고, 구성이나 줄거리의 전개도 미숙한 데가 많다.

➡ 이인직은 신소설 작가로 작품에는 「귀의 성」 「치악산」 「은세계」 등이 있다.

금수회의록(禽獸會議錄)

안국선이 지은 우화소설로 1908년에 간행된 신소설 작품이다. 동물들을 등장시켜 유교적 바탕 위에서 인간사회를 풍자한, 제재가 특이하고 주제의식이 강한 작품이다. 대부분의 신소설이 권선징악을 주제로 한 데 비해 동물을 의인화시켜 현실을 비판한 점에 특징이 있다. 우리나라에서 최초로 판매 금지된 소설이기도 하다.

예문 신소설의 대표적 작가와 그의 대표적 작품을 묻는 문제가 출제됨

Q 조선시대의 6진을 개척한 사람은?

● 자유종(自由鍾)

1910년에 이해조가 지은 신소설로 처음부터 끝까지 대화로 엮어져 있다. 여성해방, 한자폐지 문제, 애국정신과 자유교육 등을 고취한 계몽소설로서, 당시 판매금지 되었다. 개화에 필요한 새로운 제도와 정신을 제시한 일종의 정치소설이다.

[illegible]▶ 이해조는 신소설작가로 작품에는 「화의 혈」「빈상설」「모란병」 등이 있다.

● 추월색(秋月色)

1912년에 발표된 최찬식의 대표작으로 당시의 신소설 중에서 가장 널리 애독된 작품 중의 하나이다. 봉건적인 구습을 타파하고 서양문명을 소개하여 새로운 애정윤리와 신교육 사상을 고취하고자 한 작품이다.

▶ 최찬식의 작품은 신문소설의 전형이 되었다.

● 무정(無情)

춘원 이광수가 지은 우리나라 최초의 현대 장편소설이다. 초창기 신문학을 결산하는 작품으로 평가되는 이 작품은 민족주의 사상과 계몽주의 사상을 바탕으로, 1910년대의 시대상을 그리고 있다. 근대문명에 대한 동경, 신교육 사상, 자유 연애ㆍ신결혼관 등을 주제로 하고, 일체의 봉건적인 것에 대하여 비판ㆍ저항함으로써 새 시대의 계몽을 꾀한 이상주의적인 소설이다.

▶ 이광수는 계몽주의와 민족주의를 두 축으로 한 작품을 썼으며, 6ㆍ25 때 납북되었다. 작품에 「개척자」「흙」「사랑」 등이 있다.

● 감자

김동인 최초의 작품인 동시에, 1920년대 자연주의 내지 사실주의적 기법이 낳은 대표작이다. 「감자」의 배경은 평양 칠성문 밖 빈민촌으로, 이 작품에서 작가는 주인공 복녀의 죽음에 이르는 몰락을 사실주의적 자연주의적 기법에 의해 훌륭하게 묘사하고 있다. 부권체제의 모순과 부조리 속에 도덕상의 타락과 함께 한 여인의 숙명적인 파멸을 객관적으로 묘사, 부정적인 현실을 생생하게 드러낸 작품이다.

▣▶ 김동인은 최초의 문예동인지 「창조」를 주재했으며, 한국 단편소설을 정립시켰다. 작품에 「발가락이 닮았다」 「배따라기」 「태형」 「광화사」 「김연실전」 등이 있다.

● 불놀이

주요한이 지은 산문시로 한국 최초의 자유시로 평가, 신체시로부터 근대적인 시형인 자유시를 이룬 점에서 문학사적 의의가 크다. 이 작품은 4월 초파일의 관등놀이를 배경으로 하여 사랑의 대상을 상실한, 혹은 이상에 도달할 수 없는 슬픈 현실 속에서 이를 뛰어넘으려는 강한 의지를 상징적으로 노래하고 있다.

▣▶ 주요한은 「창조」 동인이며, 시집에 「아름다운 새벽」 「삼인시가집」 「봉사꽃」이 있다.

● 삼대(三代)

「표본실의 청개구리」로 문단에 데뷔한 횡보 염상섭이 민족주의 문학운동의 일환으로 써낸 사실주의 기법에 의한 장편이다. 1920년대 한국사회의 시대상 묘사에 탁월한 이 작품은 종적으로 조씨 가문의 3대(조의관·조상훈·조덕기)에 걸친 이야기로, 횡적으로 같은 세대에 속하는 여러 인물들 간에 얽힌 이야기를 중심으로 하여 이중 플롯으로 구성되어 있다. 이러한 「삼대」의 이중구성은 당시까지의 다른 문학작품들의 단일구성을 극복, 한 사회의 모습을 그려내는 데 놀라운 성취를 이루고 있다.

▣▶ 염상섭은 「폐허」 동인으로 자연주의적 경향의 작품을 썼으며, 작품에 「표본실의 청개구리」 「암야」 「제야」 「만세전」 「무화과」 등이 있다.

● 나의 침실로

1922년 「백조」 창간호에 발표된 이상화의 초기의 대표적인 작품으로, 탐미적 정조를 바탕으로 '마돈나'란 애인을 염원하는 사랑의 시이다. '마

Q 바다에서 항로의 길잡이가 되는 별은?

돈나'와 ‘침실'이 ‘임'과 ‘이상향'을 상징한다고 볼 때는 ‘이상향에의 동경'이 주제가 될 것이다. 이 시는 관능의 진실한 모습-애욕의 의미부여(정신화)-에 그 주제를 두고 작가의 성격, 내면적 정열, 철학적 명상, 그의 호흡·체취까지 느끼게 하는 작품이 되고 있다. 이상화의 호는 상화로 그는 초기의 낭만주의적 경향에서 벗어나 후기에는 「빼앗긴 들에도 봄은 오는가」라는 일제시대 우리 민족의 암담한 현실과 이를 딛고 선 희망을 노래한 저항시의 절창을 남기기도 하였다.

▶ 이상화는 이육사·윤동주와 더불어 일제시대의 대표적 저항시인이다.

◉ 진달래꽃

1922년 「개벽」에 발표한 김소월의 처녀작이다. 이별의 한을 자기 희생으로 극복 승화시키고 있는 이 시는, ‘진달래꽃'이라는 향토적 소재와 민요조의 리듬으로 서정적 운치를 살려 김소월 특유의 시적효과를 자아내고 있다. 여성 편향의 경어체를 사용, 여성적 비애의 정서를 고조시키고 있으며, 고려가요 ‘가시리'와 유사한 발상법을 지니고 있다.

▶ 김소월은 우리 민족의 대표적 정서인 한을 형상화한 국민시인으로서, 본명은 김정식이다.

◉ 벙어리 삼룡이

나도향의 대표적인 단편소설이다. 오생원댁의 못생긴 벙어리 머슴 삼룡을 주인공으로 하여 작가는 무지하지만 순정 있는 인간의 강렬하고도 순결한 애정을 그려내었다. 우리 신문학사상 뛰어난 단편소설이다.

▶ 나도향은 「백조」 동인으로, 작품에 「물레방아」 「뽕」 「행랑자식」 등이 있다.

◉ 빈처(貧妻)

1921년 「개벽」 7호에 발표된 빙허 현진건의 단편소설이다. 사실상의 데뷔작이며 작가의 리얼리즘 경향이 나타나 있는 이 작품은 작가 자신의 체험을 반영한 1인칭의 신변소설로 1920년대 한국 지식인 청년의 이상과 괴리된 식민지 조국의 상황에서 오는 현실의 모순과 갈등을 날카롭게 묘사하고 있다.

▥▶ 현진건은 「백조」 동인으로 작품에는 「운수 좋은 날」 「술 권하는 사회」 「고향」 등이 있다.

◉ 님의 침묵(沈默)

1926년 간행된 만해 한용운의 「님의 침묵」은 이 시집에 실린 작품으로 산문시적인 자유시, 조국애와 불교적 신앙심을 한데 조화시켜 비유와 상징적 수법으로 노래한 작품이다. '임(조국, 혹은 부처)에 대한 영원한 사랑'을 주제로 하고 있다. 모두 70여 편의 시가 「군말」이라는 서문과 함께 실려 있다.

▥▶ 한용운은 승려시인으로서, 3·1운동 때 민족대표 33인 중의 한 사람이다.

◉ 사랑방 손님과 어머니

주요섭이 초기의 신경향파 문학에서 자연주의로 작품경향을 바꾼 다음에 발표한 단편소설로 작가의 대표작이다. 어린 딸 옥희를 나레이터로 하여 어른들의 심리를 그린 것으로 서정적이고 예술적인 향기가 짙은 작품이다.

◉ 서시(序詩)

순수를 지향하는 윤동주의 작품세계를 대표하는 시이다. 죽는 날까지 세속에 물들지 않은 순수한 양심으로 살고자 한 그는 망국인으로서의 부끄러움과 조국에 대한 죄책감에 괴로워했는데 「자화상」, 「참회록」, 「또 다른 고향」 등의 시에 시대를 아파하는 시인의 내면적 갈등이 담겨있다.

▥▶ 윤동주의 작품들은 자선 시집 「하늘과 바람과 별과 시」에 전한다.

◉ 날개

이상이 1936년 「조광」에 발표한 단편소설로, 첫사랑 금홍과의 2년여에

 미국 듀폰사에서 발명한 합성섬유는?

걸친 동거생활 속에서 얻어진 작품이라고 한다. 아내는 돈을 벌기 위해 손님과의 매음행위를 하고 있으나, '나'는 별 관심이 없다. '나'는 현실 세계의 재비판과 자신에 대한 재검토를 통해 현실에의 재생의 욕망으로 불타게 된다. "날개야 다시 돋아라, 날자 날자 날자, 한번만 날자꾸나. 한번만 더 날아보자꾸나." 하고 절규함으로써 새로운 탄생의 순간을 말하고 있다.

▮▮▶ 이상은 내면의 세계를 그린 소설 「날개」 외에 심리주의적 실험시 「오감도」 「정식」 등을 발표했다. 본명은 김해경이다.

● 메밀꽃 필 무렵

이효석의 서정성 짙은 단편소설이다. 왼손잡이와 얼금뱅이인 허생원 · 조선달 · 동이 세 사람의 장돌뱅이가 동행인이 되어 강원도의 자연을 배경으로 하여 이야기는 진행된다. 짙은 향토색, 소금을 뿌려놓은 듯한 산골의 하얀 메밀꽃과 달빛이 주는 서정성, 자연과 사람과 짐승을 함께 미화시킨 이 작품의 특색은 뛰어난 낭만성이다.

▮▮▶ 이효석은 구인회 회원으로, 「돈(豚)」 「산」 등을 발표한 순수문학 작가이다.

● 상록수(常綠樹)

1935년 동아일보 현상문예에 당선된 심훈의 장편소설이다. 심훈의 문학적 특성, 즉 감성적인 것을 주조로 한 대중성을 가장 잘 나타낸 계몽주의적인 소설이다.

▮▮▶ 심훈의 작품에는 「영원의 미소」 「직녀성」이 있다.

● 자유부인(自由夫人)

정비석이 「서울신문」에 연재, 물의를 일으켰던 장편소설이다. 6 · 25후 가치관이 무너진 사회 속에 퇴폐풍조가 사회 문제화한 때를 배경으로, 이런 몰가치적인 사회풍조를 막을 수 있는 것은 지성의 힘뿐이라는 것을 각성시킬 의도에서 창작되었다.

ⅢⅢ➡ 정비석의 작품에는 「성황당」「파계승」「소설 손자병법」「김삿갓」 등이 있다.

● 북간도(北間島)

안수길의 5부로 된 대하소설이다. 한국인의 이주지인 북간도를 무대로, 1870년대부터 1945년 8 · 15광복까지 이창윤 일가 4대의 수난과 항일 독립투쟁사를 그린 대하소설로 집필에서 완성까지 9년이 걸렸다. 작가는 이 작품으로 서울시 문화상을 받았다.

ⅢⅢ➡ 안수길의 작품에는 「제3인간형」「여수」「통로」「새벽」등이 있다.

● 카인의 후예(後裔)

황순원의 대표적인 장편소설이다. 지주의 아들인 주인공이 공산치하가 된 고향에서 토지개혁으로 살인귀가 되어버린 사람들, 마름(소작지 관리인)이었던 도섭영감, 낯익은 마을 사람들 속에서 겪는 이야기가 줄거리를 이룬다. 작가는 이 작품으로 제2회 자유문학상을 받았다.

ⅢⅢ➡ 황순원의 작품에는 「독짓는 늙은이」「곡예사」「학」「인간접목」「일월」 등이 있다.

● 무녀도(巫女圖)

순수문학을 지향하는 김동리가 1936년에 발표한 초기의 문학적 특색을 가장 집약적으로 구현한 대표작의 하나이다. 어려서 일찍 집을 나간 욱이는 독실한 기독교인이 되어 돌아온다. 욱이와 무당인 어머니 모화와의 충돌은 불가피해진다. 모화는 욱이를 칼로 찔러 죽이고 이후 무화도 굿을 하던 중 깊은 늪에 빠져 자살과 다름없는 죽음에 이른다는 줄거리이다. 모화와 욱이의 충돌은 한국의 토속적인 샤머니즘과 서구의 외래 사상인 기독교의 대립을 뜻하는 것으로 해석될 수 있다.

ⅢⅢ➡ 김동리의 작품에는 「바위」「황토기」「밀다원시대」「사반의 십자가」「등신불」 등이 있다.

　Q 세계 3대 강풍은?

◉ 불꽃

제2회 동인문학상을 수상하고, 1950년대 대표적 참여작가로 부각되었던 선우 휘의 초기 대표작이다. 이 작품의 배경은 3·1운동으로부터 6·25 때까지의 30여 년에 걸친 역사적 격동기이며, 주인공 고현은 만세시위에 앞장섰던 젊은이의 유복자이다.

➠ 선우 휘의 작품에는 「테러리스트」 「아아 산하여」 「노다지」 등이 있다.

◉ 오발탄(誤發彈)

이범선의 작품으로 6·25 후의 암담한 현실이 리얼하게 부각되어 있다. 성실히 살아가는 형과 자포자기한 동생, 미친 어머니, 임신한 아내, 가난으로 양공주가 된 누이동생이 한 가정을 구성하며, 작가는 이 작품에서 선량함이 무능으로 취급되는 사회비리를 고발하고 있다.

➠ 이범선의 작품에는 「학마을 사람들」 「청대문집 개」 「냉혈동물」 등이 있다.

◉ 갯마을

오영수의 단편소설이다. 운명적으로 갯마을 여인일 수밖에 없는 여주인공 해순이를 통해 갯마을의 인정미 어린 삶의 애환을 그린 소설로 인간의 본능인 성문제를 함께 다루고 있다.

➠ 오영수는 단편소설작가로 작품집 「머루」 「갯마을」 「명암」 「메아리」 「수련」 등이 있다.

◉ 토지(土地)

1969년부터 박경리가 집필한 최초의 대하소설로, 갑오년 동학농민혁명과 갑오개혁, 을미왜병(1895) 등이 지나간 1897년 한가위로부터 광복의 기쁨을 맞본 1945년 8월 15일까지의 한국 근대사를 시간적 배경으로 하고, 경남 하동 평사리라는 전형적 한국 농촌을 비롯하여 지리산, 서울, 간도, 러시아, 일본, 부산, 진주 등에 걸치는 광활한 국내외적인 공간 배경으로 한 작품이다. 탈고(1994년 8월 15)하기까지 26년 간의 집필 기간, 원고지 26만 매가 넘는 분량, 전 5부 16권의 역작인 동시에 역사와 운명의 대서사시로서 한국인의 삶의 터전과 그 속에서 개성적 인물들의 다양한 운명적 삶과 고난, 의지가 민족적 삶으로 확대된 한국의 수작(秀作)이다. 토지는 광복 이후 한국 소설사를 대표하는 소설로 선정됐다.

[illegible]▶ 박경리의 작품에는 「불신시대」 「표류도」 「김약국의 딸들」 「시장과 전장」 등이 있다. 계간 [문예중앙]이 문학 평론가 55명을 대상으로 실시한 설문 조사 [해방 50년 대표 소설 50편]에서 [토지]는 총 52표를 얻어 압도적 지지를 받았다. 2위는 최인훈의 [광장], 3위는 조정래의 [태백산맥]이 각각 차지했다.

● 오적(五賊)

진보적이고도 실천적인 문학태도로 70년대를 이끈 시인 김지하의 담시로 된 풍자시이다. 「사상계」(1970. 5.)에 300여행의 담시를 발표, 도둑촌의 장·차관, 재벌, 국회의원, 장성, 고급관리를 을사오적에 빗대어 다섯 역적으로 몰아붙이면서 신랄하게 비판하고 있다.

▮m▶ 김지하는 1975년 아시아·아프리카 작가회의가 주는 로터스상(연꽃상)을, '81년에는 국제시인회의가 주는 '위대한 시인상' 을 받았다.

● 난장이가 쏘아 올린 작은 공

조세희의 첫 창작집으로 난장이와 그 일가를 주인공으로 하는 일련의 연작소설을 모은 것이다. 작품에 등장하는 인물들은 난장이 일가로 대변되는 가난한 소외 계층과 공장근로자들이다. 이들을 통해 작가는 1970년대 한국사회의 가장 핵심적인 문제로 제기된 노동 현실의 심층을 해부한다.

▮m▶ 「칼날」로부터 「내 그물로 오는 가시고기」에 이르기까지 조세희의 연작소설들은 「난장이가 쏘아 올린 작은 공」으로 묶여 나왔다.

● 장길산(張吉山)

황석영의 4부 10권으로 된 역사소설로 조선조 숙종 때의 광대출신 의적 장길산을 중심으로 하여 이야기되고 있다. 당대의 민중적 삶의 양상이 전체적으로 드러나는 이 소설에서는 농민의 참담한 생활과 생존권까지 박탈당한 노비들의 참상, 그리고 그들의 집단적 저항의 양상이 사실적으로 그려져 있다.

▶ 황석영의 작품으로는 「객지」 「한씨 연대기」 「낙타누깔」 「무기의 그늘」 등이 있다.

◉ 객주(客主)

전 9권으로 된 김주영의 역사 장편소설이다. 작가는 보부상이라는 떠돌이 삶의 군상들이 조선조 말기의 격변하는 사회를 살며 겪는 사건과 갈등을 역사의 큰 흐름 속에서 파악, 묘사하고 있다.

▶ 김주영의 작품으로는 「천둥소리」 「휴면기」 등이 있다.

◉ 우리 기쁜 젊은 날

작가 이문열이 자신의 지나가 버린 젊음의 격정 속에 우리 시대의 격동을 표현하고자 한 작품이다. 이 작품에서 작가는 성장기에 겪어야 하는 젊은이의 고뇌에 관심을 집중, 자신이 체험한 젊음의 시절을 근간으로 소설적 구성의 완결성을 시도한다.

▶ 이문열의 「하구」 「우리 기쁜 젊은 날」 「그 해 겨울」은 이어지는 3부작이다. 이외에 「사람의 아들」 「영웅시대」 「추락하는 것은 날개가 있다」 등을 발표했다.

◉ 광장

최인훈의 대표작으로 민족 분단의 비극을 이데올로기적 측면에서 본격적으로 접근한 대표적인 예로 손꼽히는 이 작품은 민족의 분단을 이데올로기적인 갈등으로 파악, 남한과 북한의 이데올로기에 대한 객관적 반성이 나타나 있으며, 그 선택의 기로(岐路)에서 방황하는 인간상을 제시하고 있다. 광장은 사회적 삶의 공간을 의미하며, 사회 중심적인 세계를 상징한다.

◉ 태백산맥(太白山脈)

조정래의 4부 10권으로 된 대하소설이다. 여순반란사건이라는 특정한 시간을 시발점으로 하여 한국근대사의 총체적 양상과 복합적인 문제점을 객관적으로 묘사해낸 서사문학이다. 작품에는 각계각층의 인물 60여 명이 등장하며, 이들을 통해 작가는 우리민족 앞에 주어진 두 개의 세계, 한의 세계와 이데올로기의 세계를 아울러 조명하고 있다.

▦▶ 조정래의 작품으로는 단편집 「황토」「20년을 비가 내리는 땅」, 중편집 「유형의 땅」, 장편에 「대장경」「불놀이」 등이 있다.

● 혼불

1930년대 전라북도 남원의 몰락해 가는 양반가의 며느리 3대(代) 이야기를 다룬 최명희(崔明姬)의 대하소설이다. 1996년 12월 전 10권이 완간되었으며, 단재상, 세종문화상, 여성동아 대상, 호암상 예술상 등을 수상했다. 혼불은 호남지방의 혼례와 상례의식, 정월대보름 등의 전래풍속을 세밀하게 그리고, 남원지역의 방언을 풍부하게 구사하여 민속학·국어학·역사학·판소리 분야 학자들의 주목을 끌기도 했다.

● 1920년대 작가와 작품

김동인	감자, 광염의 소나타, 광화사, 김연실전, 발가락이 닮았다, 배따라기, 약한 자의 슬픔, 운현궁의 봄
염상섭	만세전, 삼대, 표본실의 청개구리
나도향	물레방아, 벙어리 삼룡이, 뽕, 환희
전영택	화수분
현진건	무영탑, 빈처, 운수 좋은 날, 적도, 흑치상지
주요섭	사랑방 손님과 어머니, 아네모네 마담, 인력거꾼
최서해	박돌의 죽음, 기아와 살육, 탈출기, 홍염

 Q 형사상 자기에게 불리한 진술을 거부할 수 있는 권리는?

◉ 1930년대 작가와 작품

심 훈	상록수, 영원의 미소, 직녀성
채만식	당랑의 전설, 레디 메이드 인생, 치숙, 탁류, 태평천하
유진오	김 강사와 T교수, 창랑정기
이효석	돈, 들, 메밀꽃 필 무렵, 분녀, 산
김유정	금 따는 콩밭, 동백꽃, 봄봄, 소나기
김정한	모래톱 이야기, 사하촌
이무영	제 1 과 제 1 장, 흙의 노예
박영준	모범 경작생, 목화씨 뿌릴 때
이 상	날개, 동해, 봉별기, 종생기
김동리	등신불, 무녀도, 바위, 사반의 십자가, 을화, 황토기
정비석	성황당, 제신제, 졸곡제, 파도
황순원	독짓는 늙은이, 목넘이 마을의 개, 소나기, 인간 접목, 일월, 카인의 후예
박화성	고향 없는 사람들, 한귀
안수길	북간도, 적십자 병원장, 제3인간형

◉ 1950년대 작가와 작품

장용학	요한시집, 원형의 전설
손창섭	비오는 날, 인간동물, 잉여 인간, 초원
김성한	바비도, 암야행, 오분간
선우휘	불꽃
오영수	갯마을, 머루

● 1960년대 작가와 작품

박경리	김약국의 딸들, 불신시대, 토지, 표류도
강신재	임진강의 민들레
김승옥	무진기행, 서울 1964년 겨울, 환상수첩
이청준	등산기, 매잡이, 병신과 머저리, 서편제, 소문의 벽, 이어도
최인훈	광장, 총독의 소리, 회색인
홍성원	무전 여행, 빗돌 고개

● 1970년대 작가와 작품

신경림	농무	현기영	순이 삼촌
김지하	오적	이문구	관촌수필, 우리 동네
조세희	난장이가 쏘아 올린 작은 공, 칼날	이문열	사람의 아들
황석영	객지, 장길산	이청준	당신들의 천국
최인훈	광장, 회색인	최인호	별들의 고향

● 1980~현대 작가와 작품

김남주	조국은 하나다, 칼
박노해	노동의 새벽
조정래	태백산맥, 아리랑, 한강
신경숙	풍금이 있던 자리, 깊은 슬픔, 외딴방
공지영	고등어, 무소의 뿔처럼 혼자서 가라
임철우	봄날
최명희	혼불

Q 최대 다수의 최대 행복을 추구하는 주의는?

● 한성순보(漢城旬報)

우리나라의 근대적 형태의 최초의 한문체 신문(1883~86)이다. 관보의 성격을 띤 순간 잡지의 체재로 발간했으며, 시사·신문화를 주로 소개하였다. 박문국에서 발행했으며, 1886년 한성주보로 개제(改題)했다.

예문 최초의 신문이 무엇인가를 묻는 문제가 출제됨

● 독립신문(獨立新聞)

건양 원년(1896)에 서재필이 발행한 독립협회 기관지로, 우리나라 최초의 한글신문이다. 4면을 영문으로 내어 우리나라 사정을 외국에 소개하는 데 앞장섰다. 서재필이 미국으로 간 뒤 아펜젤러를 발행인, 윤치호를 주간으로 하여 발행되다가 같은 해 11월, 독립협회 해산과 함께 폐간되었다.

▶ 언문일치의 선구자가 된 우리나라 최초의 한글신문이며 민간신문이다.

예문 최초의 한글신문·민간신문은? 식으로 출제됨

● 매일신문(每日新聞)

1898년에 창간된 우리나라 최초의 한글 일간지로서, 양홍묵·유영석·이승만 등이 민족기관지로 발족시켰으나 독립협회사건으로 1년 만에 폐간되었다. 논조의 혁신과 일간신문시대를 초래한 점은 주목할만하다. 제1면에 논설, 2면에 내보(정치문제), 3·4면에 외보(외국소식 등)를 실었다.

▶ 「독립신문」은 격일간으로 발간된 최초의 한글신문이며, 「매일신문」은 일간지로서 최초의 한글신문이다.

● 제국신문(帝國新聞)

광무 2년(1898) 이종일·심상익·염중모·장효근 등이 중심이 되어 순 한글로 발행하다가 1910년 한일합방과 함께 폐간된 신문이다. 중류 이하, 특히 부녀층이 대상이었다.

▶ 당시 일반사람들은 「황성신문」을 수(雄)신문, 「제국신문」을 암(雌)신문이라고 했다.

● 황성신문(皇城新聞)

장지연 · 박은식 · 남궁 억 등이 「대한황성신문」의 판권을 인수하여 「황성신문」이라고 고쳐 국한문으로 발행한(1898년 9월) 일간신문이다. 을사보호조약 때 정간되었다가 1910년 한일합방과 함께 폐간되었다.

▸ 을사보호조약 체결 후 장지연의 사설 「시일야방성대곡」이 실렸다.

● 만세보(萬歲報)

광무 10년에 천도교의 손병희 발의로 창설된 자주독립파의 일간신문이다. 오세창이 사장, 이인직이 주필이 되었으며, 이들은 한자 옆에 한글로 토를 달아 새로운 형태를 만들었다. 처음에는 국민의 애국심을 불러일으키는 기사를 발표했으나, 뒤에 이완용 일파의 기관지가 되어 「대한신문」이라 고쳐졌다.

▸ 이인직의 「혈의 누」 · 「귀의 성」을 연재하여 신문소설의 길을 터놓았다.

● 대한매일신보(大韓每日申報)

광무 9년(1905)에 사장은 영국인 배델(裵說 ; Bethels), 운영은 양기탁이 담당하여 발행한 국한문 일간지이다. 외국인용 영문판도 발간하였으며, 일제의 만용을 비교적 자유롭게 비판하기도 한 철저한 항일운동지이다. 한일합방 때 을사보호조약 반대 기사를 게재(1907 1. 16)하여 정간, 1908년 영국인 만함(萬咸 ; Marnham)이, 그 다음에는 이장훈이 계승하였으나, 1910년 한일합방이 되면서 총독부에 강제 매수되어 「매일신보」라 고쳐졌다.

▸ 「대한매일신보」는 「매일신보」로 바뀌었다가 「서울신문」에서 다시 「대한매일」(1998년 11월 11일)로 제호를 변경했다.

● 소년(少年)

융희 2년(1908)에 발행된 우리나라 최초의 본격적인 월간잡지이다. 최남선은 문화운동의 필요를 느껴 우선 나라의 기둥인 어린이부터 계몽 교화

 Q 현행 저작권법에서 저작권은 저작자 사후(死後) 몇 년까지 존속하는가?

할 목적으로 이 잡지를 발행했다. 이 잡지를 통해 최남선은 선구적으로 서구문학을 도입, 「걸리버 여행기」「이솝우화」 등을 번역·소개했으며, 신문체를 개척하고, 시조를 부흥했다. 그는 또한 이 잡지에 최초의 신체시 「해에게서 소년에게」를 발표했다.

▸ 1911년에 폐간되고 그 후신으로 「샛별」이 발간되었다.

◈ 최초의 잡지가 무엇인지 묻는 문제가 출제됨

● 청춘(靑春)

「소년」지가 폐간된 후인 1914년에 발간된 월간 종합계몽지로 편집 겸 발행인은 최창선, 주간은 최남선이 맡았다. 봉건사회에 대한 대담한 비판, 근대 문화의 소개 보급에 힘쓴 일반 교양층의 확대를 목표로 한 대중지이며 교양지이다.

▸ 내용은 문예에서 자연과학에 이르기까지 매우 광범위하여 청년들의 계몽에 힘썼다.

● 창조(創造)

우리나라 최초의 순수문예 동인지(1919)이다. 김동인·주요한·전영택 등이 주가 되었으며, 3·1운동 후 동인들이 분산되어 잠시 중단되기도 했으나(2호까지 발간), 1920년 다시 김동인에 의해 속간, 9호까지 발간되었다.

◈ 동인이 만들어진 순서와 동인의 구성, 최초의 동인지에 대한 문제가 출제됨

● 폐허(廢墟)

1920년 염상섭·오상순·황석우·남궁 벽·김억 등이 발기한 문학동인지로, 퇴폐적·세기말적·사실적·이상주의적인 여러 경향을 두루 포괄한 다양성을 띠고 있었다. 낭만주의적인 정신을 기초로 하여 사상계몽에 큰 공헌을 했으나, 2호를 발행하고 중단, 1923년에 「폐허 이후」라는 이름으로 속간되었다.

▸ '폐허'라는 제목은 독일 시인 실러의 시에서 따온 것이다.

개벽(開闢)

1920년 현진건·이상화·염상섭·김동인·박종화·김기진 등에 의해 천도교를 배경으로 창간된 우리나라 최초의 본격적인 월간 종합지로, 당시의 문화주의적 사회주의적인 시대조류를 반영시키기 위해 국민지도에 앞장섰다. 한때 박영희·김기진 등이 프롤레타리아 문학론(프로문학론)을 발표하기도 했다.

⇒ 창간호에서 정신의 개벽과 사회의 개조를 부르짖으며 항일사상을 고취했다.

백조(白潮)

1922년 초기 한국 근대 낭만주의의 문예종합 동인지로서 「창조」 「페허」와 더불어 3대 동인지의 하나이다. 격월간으로 계획된 것이었으나 지령 3호에 그치고 말았다. 동인에는 홍사용·박종화·이상화·노자영·나도향·김기진·박영희·현진건이 중심이 되어 활약했다.

⇒ 「백조」는 초기 근대 낭만주의 시 운동에 크게 기여하였다.

시문학(詩文學)

박용철의 출자로 창간된 시 동인지이다(1930. 3~31. 10). 김영랑·박용철 등이 중심이 되어 순수문학을 옹호하는 모태가 되었으며, 시를 언어의 예술로 자각한 현대시의 시발점이 되었다.

⇒ 「시문학」의 문학적 특성과 문학사적 의의는 「문예월간」 「문학」등으로 계승되었다.

인문평론(人文評論)

최재서의 주재로 창간된 평론 중심의 문예지이다(1938. 12~41. 4). 「문장」과 더불어 일제 말엽의 조선어 말살정책이 극도에 달한 시기에 문예지의 최후 보루로 문단에 크게 이바지했다.

⇒ 평론 중시·외국문학 소개·외국사조 도입 등에 주력한 문예지이다.

Q 조선의 사정을 유럽에 알린 최초의 문헌은?

⬤ 문장(文章)

이태준 주관으로 발행된 일제 말기의 월간 순수문예지이다(1939. 2~
41. 4). 우리나라 최초로 추천제를 실시, 시에 김수돈 · 김종한 · 박남
수 · 이한직 · 박두진 · 박목월 · 조지훈, 소설에 임옥인 · 곽하신 · 최태
응, 시조에 이호우 · 김상옥 등 많은 신인을 발굴해 민족문학의 계승을
위해 끼친 공적이 크다.

⥤ 일제 말 민족문화 말살정책의 와중에서도 「한중록」, 「인현왕후전」 등 민족 고전의 발굴 · 주석에
힘썼다.

⬤ 광문회(光文會)

최남선이 창설한(1910) 고전 간행기관이다. 갑오경장을 계기로 하여 전국
적으로 국어연구운동이 일어나고, 이러한 상황에 따라 고전을 간행해 보
존 · 전파하기 위해 설립한 것이다. 「용비어천가」 「해동역사」 「지봉유설」
「경세유표」 「동국통감」 등 유명한 고서를 다시 간행하여 보급시켰다.

⥤ 본래 이름은 조선광문회였다.

⬤ 한글학회

1921년에 한글 연구를 목적으로 하여 조직된 학술단체이다. 처음 국어
국문학에 뜻을 두고 나아가 나라를 근심하는 주시경의 제자들에 의해 발
족한 '조선어연구회'를 1931년 '조선어학회'로 고쳤다가 1948년 '한글
학회'로 개칭했다. 이 학회가 이룩한 3대 업적은 「한글」의 간행, '한글
맞춤법 통일안' 작성, 우리말 「큰 사전」의 편찬이다.

⥤ 조선어학회 사건은 일제의 소위 '치안유지법'에 의해 반일 · 독립운동죄로 회원들이 검거 · 투옥
된 사건이다.

⬤ 동인지 시대(同人誌 時代)

1920년대 문학을 일컬으며, 이때 많은 동인지가 발간되어 활발한 문학
활동이 펼쳐졌었다. 김동인 · 주요한 등이 주관해서 간행한 「창조」가 최

초의 동인지이다. 「창조」「폐허」「백조」 등이 특히 활발했으며, 동경 유학생에 의해 도입된 서구 문예사조에 큰 영향을 입었다는 사실이 특기할 만하다.

계몽문학(啓蒙文學)

민중의 계몽을 목적으로 하는 문학으로 유럽 18세기의 합리주의가 계몽사상의 대표적인 것이다. 이성에 따른 비판정신을 가지고 자유로운 지식을 보급하여 민중을 무지의 상태에서 해방시키고자 한 문학으로 우리나라 근대문학에서는 갑오경장 이후의 신체시·신소설, 그리고 이광수와 최남선의 문학이 계몽문학이다.

▐▐▶ 계몽문학에 반대하고, 순수 본격문학을 주장한 문인이 김동인이다.

사실주의 문학(寫實主義文學)

1919년 2월, 김동인·주요한·전영택 등이 동인지 「창조」를 통하여 갑오경장 이후의 이광수 계몽문학을 거부하고, 사실주의 문학 운동을 일으켰다. 일본의 자연주의 문학의 영향과 3·1운동 실패 후의 암담한 시대적 조건이 사실주의 문학을 산출한 조건이 되었다.

▐▐▶ 조선 영·정조시대의 실학자 박지원의 단편소설 「호질」「양반전」 등에서도 사실적 경향을 찾아볼 수 있다.

퇴폐주의 문학(頹廢主義文學)

3·1운동 실패 이후, 사회 전체의 절망적인 분위기에서 생긴 일종의 병적인 낭만주의 문학이라 할 수 있는데, 19세기 말 프랑스 작가들의 기성 도덕을 무시하던 패전적 퇴폐성 문학의 영향을 입은 것이다. 「폐허」 동인들에게서 이 경향을 찾아볼 수 있다.

예표 각 동인과 문예사조의 경향에 대한 문제가 출제됨

  Q 현악 3중주는?

● 낭만주의 문학(浪漫主義文學)

우리나라 문학에서는 낭만주의를 전기·후기로 나눈다. 전기는 갑오경장 이후 계몽주의를 반대하는 개인성·주관성이 짙은 낭만적 작품들이다. 후기는 「폐허」 창간에서 시작되어 「백조」에서 절정에 달한다. 상징적이고 감상적이며 유미적인 경향이 그 특징이다.

▶ 「폐허」와 「백조」 동인들의 문학은 염세적이고 감상적이었다.

● 자연주의 문학(自然主義文學)

사실주의 문학기법에 자연과학적인 방법이 더해진 것으로 사물의 진실을 드러내려 하는 문학이다. 창조파 동인들에게서 이미 그 싹이 텄고, 3·1운동 이후의 실망과 어둠의 시대를 거쳐 신경향파 문학이 일어날 때까지 세상을 풍미하였다. 자연주의 문학에 속한 문인들은 주로 「개벽」「조선문단」을 통해 크게 활약하였는데, 대표적인 작품은 염상섭의 「표본실의 청개구리」이다.

▶ 자연주의는 1920년대 전반, 우리나라의 문단에 강한 영향을 끼쳤다.

● 진단학회(震檀學會)

1934년 이병도 등이 발기, 한국인 학자의 손으로 한국의 역사·언어·문학을 연구하기 위하여 조직된 역사연구회이다. 기관지로 「진단학보」를 발간해, 해방 전까지 14호를 내고 한때 중단, 해방 후 다시 계속되었다. 일제 때 조선어학회와 함께 민족 정기의 고취에 크게 공헌했다.

▶ 당시에는 우리의 역사·언어·문학이 일본인 학자들에 의해 연구되고 있었다.

● 아동문학파(兒童文學派)

3·1운동 이후 어린이들에게 민족 정신을 앙양시키기 위하여 소파 방정환이 '색동회'를 조직, 1922년에는 잡지 「어린이」를 발간하였다. 이때 어린이란 말을 처음 사용했으며, 1923년에는 5월 1일을 어린이날로 정

했다.

▸ 1946년부터는 어린이날을 5월 5일로 바꾸었다.

● 생명파(生命派)

1930년대 후반기에 나타난 시 경향의 하나로 세칭 '인생파'라 불리기도 한다. '시문학파'의 예술지상주의적 · 형식적 기교주의에 반대하고 인생을 위한 예술을 강조하였다. 생명파의 모체가 된 것은 시 동인지 「시인부락」과 「생리」였으며, 대표적 작가로는 서정주 · 유치환 · 김동리 등이다.

▸ 창작활동의 중심과제를 인간성의 옹호와 생명에 두고, 그 표현을 중시하며 시의 내용적 깊이를 심화시킨다.

● 청록파(靑鹿派)

「문장」지의 추천으로 등단한 시인 박목월(朴木月) · 조지훈(趙芝薰) · 박두진(朴斗鎭)의 세 사람을 가리키는 말이다. 이들은 소재를 주로 자연에서 취하고, 민요적 가락으로 오늘에 전통을 접목시키려 했다.

▸ 1946년에 합동시집 「청록집」을 간행함으로써 이런 명칭이 붙었다.

4 세계문학

● 꽁트(conte)

문학양식(장르 ; genre)의 하나로 인생의 순간적인 한 단면을 포착, 표현한 가장 짧은 소설로, 장편(掌篇)소설이라고도 한다. 로망(roman ; 長篇) · 누벨(nouvelle ; 中篇)에 대립되는 것으로, 그 구성에서 기발 · 압축 · 급전이 있어야 한다. 기지 · 풍자 · 익살 · 분석 · 종합 등의 지적인 요소를 가미하며, 이를 이용한 작품에는 주로 인생을 비판한 것이 많다.

▷ 주로 프랑스에서 발달한 것으로 모파상 · 도데 · 투르게네프 등이 즐겨 사용했으며, 엽편(葉篇)소설이라고도 한다.

● 대하소설(大河小說)

20세기 프랑스에서 발생한 장편소설의 한 형식으로, 인간을 사회적 배경의 전면에 두고 그 성장의 역사를 시대 변천과 흐름에 따라 포괄적으로 포착하려는 구성이 큰 소설이다. 몇 편의 장편을 모아 엮은 연작소설(連作小說 ; roman cycle)의 계통을 이은 것으로(연작소설이 곧 대하소설은 아니다), 앙드레 모로아(A. Maurois)가 처음 이 명칭을 사용한 후 일반화되었다. 최초의 대하소설은 롤랑의 「장 크리스토프」이다. 특히 한 가문의 이야기를 전통적이며 역사적으로 다룬 대하소설을 계도소설(系圖小說)이라고도 한다.

▷ 대표작에는 푸르스트의 「잃어버린 시간을 찾아서」, 마르탱뒤 가르의 「티보가의 사람들」 등이 있고, 국내작으로는 박경리의 「토지」, 황석영의 「장길산」, 조정래의 「태백산맥」 등이 있다.

● 사소설(私小說)

작가 자신(1인칭)을 주인공으로 하여 그 체험을 고백적으로 표현한 사회성이 적은 소설로, 신변 잡기에 빠지기 쉬운 경향이 있다. 이러한 점 때문에 신변소설이라고도 한다. 일본의 자연주의 경향의 작가에 의하여 처음 시도되었는데, 우리나라 문단에도 많은 영향을 끼쳤다.

 Q 조선시대의 4대 사화는?

● 이히 로망(Ich-Roman)

19세기 초 낭만주의와 함께 독일문학에서 발생해 유행한 소설형식으로 자아의식의 표현이 두드러지는 자전소설·고백문학·교양소설 등을 말한다. 일종의 1인칭 소설로서 이히(Ich ; 나)를 주인공으로 한 자전적 고백 형식을 취하며, 주인공이 3인칭인 때에는 이히 로망이 아니다.

➠ 사소설과 형식적으로 비슷하지만, 심경묘사에 중점을 둔 사소설과는 구별된다.

● 서사시(敍事詩 ; epic)

운문으로 된 장편 서사문예의 하나로 신이나 영웅을 중심으로 민족적 집단의 흥망을 장중하게 노래하는 장시이다. 서정시에 비해 이야기체에 가깝고 형식도 길다. 서사시에는 원시적 서사시(민족서사시 또는 영웅서사시라고도 함)와 문학적 서사시(예술서사시라고도 함)가 있다. 호머(Homer)의 「일리아드」「오딧세이」 등은 민족설화를 읊은 민족서사시로 유명하며, 단테(A. Dante)의 「신곡」, 밀턴(J, Milton)의 「실낙원」, 괴테(J. W. von Goethe)의 「헤르만과 도로테어」 등은 뛰어난 예술서사시이다.

➠ 극시(dramatic poetry) : 극의 형식을 취하거나 극적 수법을 사용한 시로 서사시·서정시와 더불어 시의 3대 부문을 이룬다. 브라우닝·셸리 등은 뛰어난 극시를 썼다.

● 서정시(抒情詩 ; lyric)

인물이나 행위의 객관적 전개에 대한 묘사보다 주관적인 시인의 체험과 감정을 가장 직접적으로 나타낸 시를 말한다. 대개 짧은 것이 특색이며, 근대시의 주류를 이루고 있다. 하이네(H. Heine)·발레리 (D. Valeri)·바이런(G. G. Byron) 등은 서정시인으로 유명하다.

● 산문시(散文詩 ; prose poem)

시적 요소를 갖춘 산문체로 된 서정시의 일종이다. 자유시가 내재율을 무시하고 또 줄을 바꾸어서 쓰는 데 비하여, 산문시는 외형적 운율이 없고 심지어는 연(聯 ; stanza), 행(行 ; fine)의 구분조차 어렵다. 산문시란 말은 프랑스의 시인 보들레르(C. P. Baudelaire)가 그의 시집 「파리의 우울」에서 처음 썼다. 이후 말라르메(S. Mallarme), 투르게네프(I. S. Turgenev), 휘트먼(W. Whitman) 등이 유명하다.

▪▪▪➤ 한국에서의 본격적인 산문시집은 한용운의 「님의 침묵」, 정지용의 「백록담」, 그리고 이상의 시들이 있다.

● 수필(隨筆 ; essay)

인생과 자연에 대한 체험과 관조를 형식에 구애받지 않고 자유롭게 표현한 산문의 한 갈래이다. 수필의 특성은 형식의 자유성, 소재의 다양성, 비판의식과 해학성, 주관성과 관조적 성격을 들 수 있다. '에세이'를 제목으로 쓴 프랑스의 몽테뉴(M. E. de Montaigne)의 「수상록」과 영국 찰스 램(C. Lamb)의 「엘리아 수필집」이 대표적이다.

▪▪▪➤ 경수필(輕隨筆 ; miscellany)은 개인적인 정서를 고백적으로 쓴 수필을 말하며, 중수필(重隨筆 ; essay)은 사회적 · 지적인 문제에 대한 이성적 견해를 밝히는 소논문적인 수필이다.

[예문] 수필의 특성과 종류에 대한 문제가 출제됨

● 논픽션(nonfiction)

전혀 허구(虛構 ; fiction)를 쓰지 않고 사실에 입각하여 만들어진 기록문학 · 보고문학 · 전기 · 회상록 · 수필 등의 저작을 총칭한다. 사소설의 산만성과 본격소설의 관념성에 대한 반동으로 제1차 세계대전 이후 르포 문학과 더불어 유행했다.

● 아포리즘(aphorism)

간결한 말 속에 삶에 대한 깊은 체험적인 진리가 함축적으로 표현된 금언 등을 뜻한다. '정의'를 의미하는 그리스어에서 유래된 말로, 금언 · 격언 · 잠언 · 경구 등이 이에 속한다.

[Q] VIP는 무엇의 약자인가?

⫸ 17세기의 모럴리스트들이 애용한 뒤로 문학에서도 하나의 장르를 이루었으며, 노발리스 · 니체 · 와이드 등이 뛰어나다.

● 매너리즘(mannerism)

문학 · 예술의 표현수단이 틀에 박혀 독창성을 잃고 평범한 경향으로 흘러 참신성이나 진정성이 상실되어 버린 상태를 말한다.

● 르포문학(reportage)

제1차 세계대전 후 교통 · 매스컴의 발달과 함께 현지의 정치 · 사회문제를 생생하게 묘사해 대중에게 알리는 것이 유행하면서, 다큐멘터리의 방법으로 사실과 사건을 보고자의 주관을 섞지 않고 객관적으로 묘사 보고하는 문학장르가 발생했다. 르포문학은 현실의 파악 · 묘사에 강한 주관과 정치적 입장이 표명되고, 또 문학적 감동성을 불어넣고자 한다는 점에서 보도기사와 구별되고, 소설(픽션)이 갖는 자유분방한 상상력을 극도로 억제해야 한다는 점에서 소설문학과 다르다.

⫸ 기록문학이라고도 한다.

● 계관시인(桂冠詩人 ; poet laureate)

궁정에 음유시인을 불러들여 있게 한 중세의 유풍으로 그리스에서 시인이나 영웅의 머리에 월계관을 씌워 그 명예를 기렸던 고사에서 유래한다. 계관을 받을 탁월한 시인은 영국 국왕이 선택하는데, 이 영광을 입은 시인을 말한다. 계관시인은 매년 국왕의 탄생일이나 신년 축하연 등에 시를 지어 바치는 것이 관례로 되어 있으며, 국왕으로부터 종신연금을 받는다. 그레이(T. Gray)와 스코트(W. Scott) 같은 시인은 그 명예를 거절하기도 했다.

⫸ 최초의 계관시인은 존슨이며, 정식으로 임명된 사람은 드라이든으로 1670년 이 칭호를 수여 받은 후부터 관직화되었다.

노벨(Nobel) 문학상

스웨덴의 과학자 노벨의 유지에 의하여 설립된 노벨상 중의 한 부분으로, 1901년부터 매년 스웨덴 한림원의 전형위원에 의해 문학영역에서 인류를 위해 최대의 공헌을 한 우수한 작품을 쓴 사람에게 주는 상이다. 상이 제정된 이후 오늘에 이르기까지 제1·2차 세계대전 중을 제외하고 매년 수여되고 있으며, 수상 대상은 국적·남녀의 구별이 없다.

▐▶ 제1회 수상작품은 이시가와 타쓰조의 「창맹」이다.

공꾸르상(Prix Goncourt 프)

1896년에 죽은 프랑스의 작가 공꾸르(공꾸르 형제 중 형)의 유언에 따라 1903년에 아카데미 공꾸르가 설립되었고, 매년 12월 첫 주에 그 해에 발표된 신진 작가의 산문작품 중 우수한 것을 추려, 5천 프랑의 상금을 수여한다.

▐▶ 제1회 수상자는 프랑스의 실리 프뤼돔(1901)이며, 동양인으로서 최초의 수상자는 인도의 타고르 (시집 「기탄잘리」)이다. 콩쿠르(concourt ; 경연대회)와는 다른 것이므로 유의할 것.

아쿠타가와상(芥川賞)

아쿠타가와 류노스케를 기념하기 위해 제정된 일본의 신인문학상이다. 일본문학진흥회 주최로 1935년부터 매년 2회 신진 또는 무명작가의 소설 작품에 주어진다.

▐▶ 이 상을 받은 주요 작품은 말로의 「인간의 조건」, 생텍쥐페리의 「야간비행」 등이다.

펜클럽(PEN Club ; International Association of Playwrights, Poets, Editors, Essayists and Novelists Club)

문학을 통해 각 국 국민의 상호이해를 깊게 하고, 각 사회의 표현의 자유를 옹호하기 위한 목적 아래 영국 여류작가 도손 스콧(C. A. Dawson Scott)의 제창으로 런던에서 창시된 국제문화단체로, 초대 회장은 골즈

Q 공소(公訴) 제기에 있어서 피해자나 법률이 정한 자의 고소 또는 고발을 필요로 하는 범죄는?

워디(J. Galsworthy)였다. 1923년 제1회 런던 대회 이후 매년 대회를 개최되었고, 1970년의 제37회와 1988년의 제55회는 서울에서 개최했는데, 문학의 영원성과 가변성이라는 주제로 열린 55회 대회 때에는 100여 개국 대표가 참가했다. 현재 전 세계 91개국에 130개 지부가 있으며 한국은 1955년 가입했다. 1991년 전숙희가 한국 최초의 여성 국제 펜클럽 본부 종신부회장으로 추대되었다.

▶ 펜클럽의 약칭은 시인(poet)·극작가(playwright)의 P, 수필가(essayist) 편집자(editor)의 E, 소설가(novelist)의 N을 나타내며, 그 전체로써 펜(pen)을 나타낸다.

● 르네상스(Renaissance) 문화

르네상스란 재생(再生 ; rebirth)이란 뜻이며, 14세기에서 16세기에 이르는 3세기에 걸쳐 이탈리아를 중심으로 하여 일어났던 문예부흥, 학예부흥운동을 말한다. 고대 그리스·로마의 고전문화 부흥을 목표로 한 문학운동으로, 중세의 종교적 속박에서 벗어나 인간중심 사상으로 학문을 부흥·발전시키게 된 역사적 계기가 되었다. 대표적 인 작가로는 14세기 초 수도원에 묻혀 있던 고전을 수집·정리하여 고전문학의 미를 재발견한 페트라르카(F. Petrarca)를 시작으로 보카치오(G. Boccaccio)·라블레·몽테뉴를 들 수 있다.

▪▪▶ 문예부흥운동을 촉진시킨 계기는 인쇄술의 발명, 지리적 발견, 물질적 생활의 향상, 각국간의 교통 증가, 각국의 국어 확립 등이다. 이 운동은 이탈리아의 피렌체, 이어서 나폴리, 로마, 그리고 유럽 각국으로 퍼져나갔다. 르네상스 시대에는 고전주의와 휴머니즘, 두 커다란 문예사조가 나타났다.

● 고전주의(古典主義 ; Classicism)

넓은 의미로는 그리스·로마의 고전을 모범으로 그것이 이룬 완성도에까지 도달하려는 문학정신이며, 좁은 의미로는 17~18세기에 유럽 각 국에 나타난 문예사조로, 조화·균형·형성미·이성·자연성 등을 중히 여긴다. 일반적으로 고전주의라 하면 좁은 의미의 유럽 근대 고전주의를 가리키나, 이는 그리스·로마의 고전주의를 모태로하며 근대 고전주의에 대한 반동사조로 19세기 초에 나타나 낭만주의를 비판하는, 20세기의 흄(T. E. Hulme)·파운드(E. L. Pound)엘리어트(T. S. Eliot) 등이 주장한 문예사조를 신낭만주의라고 한다. 프랑스의 코르네이유(p. Corneille)·몰리에르(J. B. p. Moliere)·라신(J. B. Racine), 영국의 세익스피어(W. Shakespeare)·드라이든(J. Dryden), 독일의 괴테·레싱(G. E. Lessing) 등이 그 대표적 작가이다.

 Q 우리나라 남도(南道)의 무악(巫樂)은?

◉ 휴머니즘(Humanism ; 인문주의)

인간주의·인본주의라고도 하는데, 인도주의와는 다르다. 14~16세기에 걸쳐 나타난 인간성(humanity ; 人性)의 해방과 옹호를 이상으로 하는 문예사조이다. 중세의 신과 교회 중심의 제도에서 인간성을 해방시키고 인간본위에 고전적 교양을 쌓음으로써 이상적인 인간상을 형성하려 한 이 문예사조는 낭만주의의 기초가 된다. 단테·페트라르카·밀턴 등이 그 대표적 작가이다.

▸ 신인문주의(新人文主義) : 18세기 후반에 나타난, 그리스 이상을 부흥하여 인성의 원만한 발달을 도모하려 한 문예사조이다. 하이네·헤르더·괴테 등이 대표작가이다.

◉ 슈투름 운트 드랑(Sturm und Drang 독)

'질풍노도의 시대'라는 뜻으로, 1770~80년 독일에서 일어난 혁명적인 문학운동이다. 합리적 계몽주의의 반동으로 일어나, 개성 존중, 감정의 자유를 주장하고, 민요·민화 등 민족예술 발굴에도 힘썼으며, 이는 독일의 반고전적 낭만주의의 선구가 된다. 괴테와 실러(Schiller)가 그 대표적인 작가이며, 작품으로는 괴테의 「젊은 베르테르의 슬픔」, 실러의 「군도」가 있다.

▸ 계몽주의는 18세기에 전 유럽을 휩쓸었던 사상으로 영국에서 비롯되었다. 교육의 보급으로 사회적 부자유와 불평등을 제거하려는 합리주의적인 사상운동이다.

◉ 낭만주의(浪漫主義 ; romanticism)

19세기 초에 유럽을 휩쓴 초자연적이며 혁명적인 반고전주의 문예사조 및 그 운동을 말한다. 고전주의가 보편적이고 이성적인 데 비해, 주관적이고 개성적이며 상징적이라는 특징을 갖는다. 독일의 노발리스(Novalis), 프랑스의 위고(V. M. Hugo), 영국의 워즈워드(W. Wordsworth) 등이 그 대표적 작가이다.

▸ 감상주의(感傷主義) : 낭만주의 말기의 문예작품에 나타난 불건전한 정서상태로 흔히 센티멘털리즘이라고 한다.

⬤ 사실주의(寫實主義 ; realism)

아이디얼리즘(理想主義)과 낭만주의에 대한 반동사조로, 사실을 있는 그대로 묘사하는 것을 방침으로 하는 현실주의적 경향을 말한다. 이러한 경향은 시보다 산문인 소설에 적합해 소설의 황금시기를 이루기도 했다. 특히 19세기 프랑스 소설에 현저했으며, 스탕달·발자크를 시점으로 하여 각국에 파급, 영국에서는 디킨스·하디, 미국에서는 싱클레어·스타인벡, 독일에서는 헵벨, 러시아에서는 투르게네프·톨스토이 등을 거쳐 혁명 이후의 사회주의 리얼리즘에 이르게 되었다.

▮▮▮➤ 사실주의는 사실묘사에서 내면적 심리적 묘사로 발전·심화해 '의식의 흐름'을 추구하는 심리적 사실주의의 발생 계기가 되기도 했다.

⬤ 자연주의(自然主義 ; naturalism)

사실주의의 객관적 관점에 자연과학적 방법이 도입되어 발전한, 실증주의 사상을 배경으로 예술행위의 기본이 되는 제1원리를 자연이라 보고, 창작활동의 근거를 '자연'에 두어야 한다고 주장한 문예사조이다. 이때 '자연'은 신이 존재하지 않는 물질과 이를 연구하는 자연과학을 뜻한다. 19세기 말 낭만주의에 대한 반동으로 프랑스의 졸라가 제창, 모파상·플로베르, 러시아의 도스토예프스키 등에 의해 근대 산문문학을 발전시키는 데 밑받침이 되었다.

▮▮▮➤ 사실주의와 자연주의의 차이 : 구체적인 작품에서는 구분이 어렵다. 그러나 이론상으로는 사실주의가 관찰에 의한 사실의 재현이라면, 자연주의는 실험과 해부라는 과학적 방법을 근간으로 한다는 차이가 있다.

⬤ 상징주의(象徵主義 ; symbolism)

19세기 후반에 프랑스에서 일어난 상징파의 예술운동과 그 경향으로, 사실주의·자연주의의 외면적 객관적 경향에 대한 반동으로 나타났으며, 상징적 방법에 의해 신비한 내용을 암시적으로 표현하려 했던 문예사조이다. 보들레르를 선구자로 한 프랑스 상징파의 예술운동노선은 예술지

 Q 도산 안창호에 의해 조직된 민족 수양 단체는?

상주의(藝術至上主義)이며, 예술은 다만 미(美) 자체에만 봉사할 뿐이라고 하며 예술의 자율성을 주장했다. 프랑스의 랭보(J. N. A. Rimbaud)·말라르메(S. Mallarme) 등이 그 대표적 작가이다.

▶ 예술지상주의 : '인생을 위한 예술'의 반대어로 '예술을 위한 예술'을 말한다. 후기 낭만파 고티에가 주장하였으며, 아름다움을 예술의 유일한 내용과 목적으로 하는 입장을 내세웠다. 이 이론의 중심지는 프랑스이며, 유미주의와 악마주의 이론도 이에 속한다.

● 유미주의(唯美主義 ; aestheticism)

탐미주의 또는 심미주의라고도 하는데, 아름다움을 지상의 것으로 여겨, 예술이란 그 자체로서 자족한 것이며 어떠한 목적도 내포되어서는 안되고 정치적·윤리적 기준에 의해 평가될 수 없다는 예술사상의 일파이다. 19세기 영국의 문예평론가 페이터에서 출발하여 스펜서의 '유희본능설'에 자극되어 보들레르·와일드 등에 의해 주장되었다.

▶ 악마주의(diabolism) : 세기말적인 극단적 퇴폐주의 또는 유미주의로서 앨런 포·보들레르 ·와일드 등이 이러한 경향을 대표한다.

● 데카당스(decadence)

예술의 건전한 정신이 쇠잔하여 난숙기의 예술활동이 정상적인 기능을 잃고, 지성보다는 관능에 치중, 죄악과 퇴폐적인 것에 더 매력을 느껴 암흑과 문란 속에서 미를 찾으려 하였다. 이러한 경향은 유미주의·악마주의 형식으로 나타나 전통을 파괴하고, 배덕·반역의 특성을 갖게 된다. 그러나 동시에 사상적인 데카당스 현상은 전시대 문화의 붕괴를 앞당겨 실현시키고, 새로운 발전 능력을 낳게 하는 적극적인 의미도 지닌다. 프랑스의 보들레르·랭보·베를렌, 영국의 오스카 와일드 등의 작품이 그러한 역할을 하였다.

▶ 19세기 말엽 프랑스에서 성한 퇴폐문학을 말한다.

● 백화운동(白話運動)

청 말의 계몽운동을 거쳐서 잡지 「신청년(新靑年)」을 거점으로 한 중국의 신문학의 혁명이다. 1917년 이후 후스 · 천두슈 등이 중심이 되어 사상과 감정을 표현하는 데 어려운 문어(文語)를 쓰지 말고 일상생활에 사용하는 구어(口語)인 백화를 사용할 것을 주창 · 보급하여 중국의 신문화 건설에 크게 이바지한 문학혁명이다.

➡ 루쉰의 「광인일기」 「아큐정전」은 백화문학의 대표작이다.

● 모더니즘(modernism)

기성 도덕과 전통적 권위에 반대하고 자유 · 평등을 구가하는 전위적인 예술사조이다. 주로 영 · 미의 비평계에서 쓰는 말이며, 독일 · 프랑스에서는 같은 흐름에 대해 전위주의(前衛主義 ; 아방가르드)라는 용어로 표현한다. 20세기 초 특히 제1차 세계대전의 충격 속에 태어난 표현주의 · 미래주의 · 다다이즘 등의 다양한 반리얼리즘적 조류를 가리킨다. 반리얼리즘의 반대에 사회주의 리얼리즘이 설정된다.

● 아방게르(arrant-guerre 프)

아프레게르에 반대되는 말로 전전파(戰前派)를 뜻한다. 제1차 세계대전 이전의 예술사조인 자연주의 · 현실주의 · 인상주의 등을 가리킨다.

➡ 아방가르드(avant-garde) : 전위파(前衛派)라고도 한다. 제1차 세계대전 후의 경향으로 인습적인 전통을 부정하고 혁명적 정신에 의한 예술운동과 그 작가들을 가리킨다. 특정한 주의나 형식이 아니라, 새 시대의 급진적 예술정신 전반(미래파 · 입체파 · 초현실파 등)을 가리키는 말이기도 하다.

● 아프레게르(apresguerre 프)

전후세대 또는 전후파(戰後派)를 뜻하는 말로, 제1차 세계대전 후 프랑스를 중심으로 일어난 새로운 예술사조 · 문학운동을 가리킨다. 다다이즘 · 쉬르레알리즘 등의 전위운동이 되었다.

  Ｑ 핫 뉴스란?

◯ 다다이즘(dadaisme 프)

어떠한 속박도 거부하고 전통적인 기존의 예술 · 철학 · 문학 · 세계관을 부정 · 공격하는 허무적이고 파괴적인 예술파 운동으로, 20세기 초 스위스에서 프랑스 시인 차라(T. Tzara) 등을 중심으로 일어났다. 극단적 반이성주의로써 제1차 세계대전의 거대한 파괴력에 직면한 유럽 지식인들의 정신적 불안과 공포를 그 배경으로 한다.

▸ 후에 초현실주의의 모체가 되었다.

◯ 초현실주의(超現實主義 ; surrealisme 프)

제1차 세계대전 후 합리주의와 자연주의에 반대하여 프랑스의 시단(詩壇)과 화단(畵壇)에서 일어난 전위적 예술론의 하나로, 자연에서 얻은 직접적인 이미지 대신에 잠재의식적 심상을 주관적이고 초현실적으로 결합하여 표현하려 하였다. 쉬르레알리즘이란 명칭은 시인 아폴리네르에 의해 처음 사용되었다.

▸ 이성의 지배를 거부하는 이 예술론은 프로이트 정신분석의 영향이 컸다.

◯ 로스트 제너레이션(lost generation)

'잃어버린 세대'라는 뜻으로, 제1차 세계대전 후 전장(戰場)이었던 유럽에서 돌아와 뿌리뽑힌 듯한 상실감에 사로잡혔던 미국의 젊은 세대들이 일으킨 문학운동을 말한다. 전쟁체험에서 오는 허무주의와 도덕적 상실감, 문화적 전통을 잃은 고향 상실의 비원을 여러 작품에 반영시켰다. 대표적인 작가는 헤밍웨이 · 피츠제럴드 · 커닝햄 등을 들 수 있는데, 이들의 공통된 특색은 사회로부터의 절망적인 이탈과 그에 따르는 염세적인 향락주의이다.

▸ 비트 제너레이션 : 1950년대의 미국에서는 기성세대의 질서와 도덕 및 문학으로부터 탈피, 인간 고유의 본성을 추구하는 문학적인 혁명을 시도했다. 메일러 · 긴스버그 등이 그 대표작가이다.

● 하드 보일드(hard boiled) 문학

1930년대 미국문학에 나타난 새로운 사실주의 수법이다. 비정·냉혹의 뜻으로, 냉정하고 객관적인 태도와 문체로써 문장을 짤막하게 끊고 사물을 정확하게 표현, 그 속에서 스스로 하나의 리듬이 생기게 한다. 이는 로스트 제너레이션, 특히 헤밍웨이의 문체를 가리키는 용어가 되었으며, 헤밍웨이의 「무기여 잘 있거라」가 대표적인 작품이다.

▮▮▶ 하드 보일드 스타일이란 관형사, 즉 수식어구를 쓰지 않는 짧은 문장으로 사실만을 표현하는 문체를 말한다.

● 행동주의(行動主義 ; behaviorism)

제1차 세계대전 후, 프랑스의 문단을 휩쓸던 다다이즘과 초현실주의에 내재하는 니힐리즘(nihilism ; 허무주의)에 대한 비판의식에 의해 일어난 문학사조이다. 대표작가로는 말로(Andre Malraux)와 생텍쥐페리(Saint-Exupery) 등을 들 수 있는데, 이들은 1929년의 세계 경제공황과 히틀러 집권 등으로 조성된 사회 위기와 혼란·허무 속에서 작품을 통한 영웅적 행동을 중요시하고, 그것을 통해서 사회적 위기를 해결하려 했다. 말로는 「정복자」「왕도」「인간의 조건」 등을 썼으며 생텍쥐페리는 「야간비행」을 썼다.

▮▮▶ 베트남 독립운동에 힘쓰고 상해혁명을 취재하여 「인간조건」을 써 공꾸르상을 받기도 한 말로나 제2차 세계대전에 종군, 정찰 비행대원이었던 생텍쥐페리의 행동주의 문학은 사르트르 이전의 참여문학이기도 하다.

● 의식의 흐름(stream of consciousness)

19세기의 사실주의·자연주의를 인간 심리의 내면세계를 묘사함으로써 극복하려 한 소설의 실험적 방법으로, 꿈이나 환상으로 의식 속에 끼여든 '무의식의 강물'을 논리적으로 조직되기 전의 상태에 있는 이미지군으로 포착, 기록하는 현대 소설의 중요한 수법의 하나이다. 일관된 스토리나 플롯이 없고, 독자가 읽어가면서 구성해야 한다는 게 그 특징이다.

　Ｑ 중국의 전통 극은?

제임스 조이스(J. Joyce)의 「율리시스」와 버지니아 울프(V. Woolf)의 「댈러웨이 부인」이 대표작이다.

▶ 미국의 심리학자 제임스가 처음 사용할 때는 심리학 용어였으나, 지금은 문학용어로 널리 쓰이고 있다. 인간심리에 초점을 두고 그 움직임을 표현하려는 경향을 신심리주의라고도 한다.

● 레지스탕스(resistance) 문학

제2차 세계대전 중 나치정권 밑에 있던 프랑스 문인들이 정보 · 비밀출판 등을 통해 벌인 대독 저항문학으로, 대표적인 작품으로는 아라공(L. Aragon)의 「프랑스의 기상나팔」 사르트르의 「침묵의 공화국」, 엘뤼아르의 「독일군 집합지에서」, 모리악(F. Mauriac)의 「검은 수첩」 등이 있다.

▶ 1940년 프랑스의 항복과 1944년 연합군에 의한 파리 해방까지의 4년 동안에 씌어진 작품들을 말한다.

● 앵그리 영 맨(angry young men)

'성난 젊은이들' 이란 말로, 제2차 세계대전 후 영국의 젊은 세대들이 일으킨 문학운동을 말한다. 이들은 미국의 비트 제너레이션과 상통하는 점이 있다. 전후 기성세대의 허식적 · 보수적인 경향, 전쟁의 쓰라린 체험에 의한 반인류적인 파괴와 절망에 대한 젊은이들의 저항과 반발을 작품에 반영시키는 것을 특색으로 하며, 오스본(J. Osborne)의 「성난 얼굴로 돌아 보라」에서 붙여진 명칭이다.

▶ 앙팡 테리블(les enfants terrible) : 무서운 아이들이라는 장 콕토의 소설 제목에서 비롯된 말로서 깜찍하고 엉뚱한 짓을 잘하는 조숙한 아이들을 가리킨다.

● 실존주의(實存主義 ; existentialism)

19세기의 합리주의와 실증주의에 대한 반동으로 일어나, 부조리한 현실, 불안과 초조 속에서 고립된 인간이 극한상황을 극복, 잃었던 자아 발견을 강조하는 실존주의 철학을 배경으로 하여 프랑스에서 제2차 세계대전 후에 전개된 문학사조의 하나이다. 사회와 생존의 현실을 투철하게 인식하고, 삶의 의미를 괴롭게 추구하는 경향을 지닌 사르트르(J. P. Sartre)의 「구토」, 카뮈(A. Camus)의 「이방인」 등은 위기에 직면한 현대의 반항 정신을 그 주제로 하고 있다.

▻ 정오(正午)의 문학 : 모순되는 두 기본항(살려는 육체의 요구, 절대를 추구하는 정신의 요구)의 어느 쪽으로도 쏠리지 않는 중용의 방법을 취하는 작가 카뮈의 사상이다.

● 앙가주망(engagement)

인간이 사회문제 · 정치문제에 관계하고 참여함으로써 자기를 구속하는 것을 말하는데, 앙가주망에 의한 문학을 참여문학이라 한다. 제2차 세계대전 후 사르트르가 한 월간지를 통해 앙가주망 문학을 주장했다. 실존주의 철학을 배경으로 하고, 문학을 통해 정치적 문제에 적극 발언하면서 상황 속에 내던져진 존재로서의 작중인물을 형상화했다.

▻ 실존주의 문학, 말로의 행동주의 문학, 영국의 앵그리 영맨, 미국의 비트 제너레이션 등도 현실 참여문학이라고 할 수 있다.

● 앙티로망(anti-roman)

1950년대 프랑스의 새로운 실험소설을 가리키는 말로, 전통적인 소설의 방법과 형식을 파괴하고 성격 · 줄거리 · 객관묘사 · 심리분석 등을 무시, 순수한 상태에서의 소설 형태를 모색하려는 것이다. 비소설 또는 반소설이라고도 한다. 제2차 세계대전 후, 사르트르에 의하여 실천적으로 주장되었던 실존주의 문학의 뒤를 이어 프랑스의 신진작가들에 의하여 시도된 신사실주의라고도 할 수 있다. 로브그리예 · 베케트 · 시몽의 대담한 시도는 50년대 문학계의 주목을 끌었다. 비슷한 시기에 앙티로망과 함께 프랑스 작가들에 의해 추구되었던 실험소설로 누보로망(nouveau-roman)이 있다.

▻ 누보로망 : 전통적인 근대소설 개념 자체를 부정하고, 미시적인 현실에 시각을 한정하여 인간에 대한 새로운 투시를 확립하는 신소설이다. 줄거리의 모호함, 심리묘사의 부정, 작중인물의 해체 등을 특색으로 한다.

 Q 자본주의의 3대 원칙은?

누벨바그(nouvelle vague)

1950년을 전후하여 실존주의 문학의 고발정신에 반대하고 불신 · 풍자 · 기롱(譏弄), 해학 · 관능 위주에 의한 데포르마숑(deformation)이 시류를 타고 휩쓸기 시작한 프랑스의 새로운 문학운동이다. 비극보다는 경쾌함을, 철학이나 사상보다는 기롱과 풍자를, 참여보다는 심미를 요구하며 사랑한다.

▣▣▶ 대표적 작가는 니미에(R. Nimier), 사강 등이다.

해빙기 문학(解氷期文學)

당(黨)문학의 무갈등이론에 반발하여 일어난 구소련 작가들의 작품경향을 말한다. 에렌부르크(I. Erenburg)를 중심으로 한 일군의 작가들이 스탈린 시대의 어두운 삶과 독재정치를 비난하고 자유를 추구하는 작품활동을 함으로써 당과 정부의 탄압을 받았다. 대표작으로는 에렌부르크의 「해빙기」를 비롯하여 파스테르나크의 「의사 지바고」 솔제니친의 「암병동」 「이반 데니소비치의 하루」등이 있다.

▣▣▶ 에렌부르크의 소설 「해빙기」에서 비롯된 말로, 얼어붙은 당시 구소련 상황에 대한 상징적 표현이다.

추리소설(推理小說 ; mystery story)

주로 범죄에 대한 난해한 비밀이 논리적으로 풀려나가는, 흥미를 목적으로 삼는 문학을 말한다. 추리소설은 1841년 에드거 앨런 포의 「모르그가의 살인」에서 비롯된다.

● 일리아스(Ilias)

호메로스(Homeros)의 작품으로 전해지는 그리스 최대 최고의 서사시이다. 에피소드로 이어지는 자연계와 인간계에 대한 묘사는 이 작품의 최대 장점이다. 이 작품은 고대 그리스인이 가장 애독한 것으로 오디세이아와 더불어 헬레니즘문화 발달에 큰 영향을 주었으며 서양문학의 모체가 되었다.

▮▮▶ 오디세이아(Odysseia 그) : 「일리아스」와 더불어 호머의 작품이라고 하는 장편 서사시이다. 트로이전쟁의 영웅 오디세우스의 표류담과 그의 아내 페넬로페의 이야기이다.

● 갈리아 전기(戰記)

로마의 케사르가 갈리아(현재의 프랑스) 정복 당시의 전황을 기록한 전 8권(B.C. 58~51)으로 된 보고문이다. 수식이 없는 3인칭의 담담한 문장 속에 장군으로서의 케사르의 용감성, 신중한 재질이 잘 나타나 있다. 여기에 사용된 문체는 후세에 라틴어 문장의 모범이 되었다.

● 영웅전

비슷한 삶을 살다간 그리스와 로마의 유명인사 23쌍(46명)의 대비적인 전기에다 다른 4명의 전기를 합친 것으로, 문학적인 면은 물론 사료로서도 중요한 전기 저작이다. 그리스의 전기 작가인 플루타르코스가 저술했다. 일반적으로 「플루타크 영웅전」으로 알려져 있다.

▮▮▶ 플루타르코스는 그리스 말기의 문인으로 「영웅전」 외에 에세이의 원조가 된 수필집 「모랄리아」가 전한다.

● 신곡(神曲 ; Divina Commedia 이)

이탈리아의 시성(詩聖) 단테가 지은 서사시로, 그의 인생관·종교관·세계관이 잘 나타나 있다. 그의 방랑시대인 1304~1308년에 지옥편, 1308~1313년에 연옥편, 마지막 7년 간에 천국편을 완성했다. 이것으로 단테

  Q 르네상스 시대의 3대 발명품은?

는 문예부흥의 선구자가 되었다. 지옥편 · 연옥편 · 천국편의 3부곡에, 각 부곡은 33장이며, 지옥편에만 1장이 추가되어 모두 100장으로 되어 있는데, 이는 삼위일체를 상징한다고 한다.

⊪▶ 여기서 '코메디아'는 희극이라는 뜻이 아니라, 처음에는 비참한 운명에 허덕이다 마지막에는 행복으로 끝난다는 뜻이다.

◉ 삼국지연의(三國志演義)

중국 원대의 나관중(羅貫中)이 지은 장편 역사소설로 중국 4대 기서 중의 하나다. 위(魏) · 오(吳) · 촉(蜀) 3국의 역사에 설화 · 강담(講談) 등을 섞은 것이다. 웅대한 규모, 수많은 등장인물, 파란만장한 전투장면 등으로 가장 널리 읽히는 역사소설이다.

⊪▶ 중국 4대 기서(奇書) : 나관중의 「삼국지연의」, 시내암의 「수호지」, 오승은의 「서유기」, 왕세정의 「금병매」

◉ 데카메론(Decameron)

'데카메론'이란 그리스어에서 따온 '10일간의 이야기'란 뜻으로, 전부 100편이 수록된 이탈리아의 보카치오(G. Boccaccio)의 단편소설집이다. 페스트를 피하여 플로렌스 교외의 별장에 모인 열 사람이 매일 10편씩 10일 동안 계속한 이야기를 모은 것으로 「아라비안 나이트」와 같은 형식의 소설이며, 각 단편에는 왕후장상 · 승려 · 상인 등의 인물이 나와 사회의 모습을 전한다. 보카치오는 이 작품으로 근대소설의 선구자라 불린다.

⊪▶ 이 작품집을 단테의 「신곡」에 대해 '인곡'이라고도 하는데, 이는 「데카메론」이 휴머니즘 사상에 입각해 14세기의 새로운 인간상을 대담하게 표현했기 때문이다.

◉ 유토피아(Utopia ; 이상향)

영국의 휴머니스트 토머스 모어(T. More)가 공상적으로 그려낸 이상적이고 정치적인 사회소설이다. 작가가 한 선원에게서 이상의 나라 유토피아의 제도 · 풍속 등을 들은 것을 기록한 것인데, 유토피아를 이상적으로 묘사함으로써 영국을 비난하고 있다.

▥▶ 유토피아는 '어느 곳에도 없는 장소' 즉, '이상향'을 뜻하는데, 이는 유토피아형 문학의 시초가 되었으며 공상적 사회주의의 선구가 되었다.

◉ 햄릿(Hamlet)

영국의 극작가인 대문호 셰익스피어의 4대 비극의 하나로, 일종의 복수담이다. 덴마크의 왕자 햄릿이 부왕을 독살한 숙부와 불륜의 어머니에 대한 복수를 부왕의 망령에게 맹세하나, 사색적이고 소극적인 성격 때문에 행동으로 옮기지 못하고 고민하다가 마침내는 원수를 갚고 죽는다는 비극적인 내용이다. 햄릿의 독백 "죽느냐 사느냐 그것이 문제로다"는 널리 알려진 명언이다.

▥▶ 셰익스피어의 4대 비극 : 「오델로」 「맥베드」 「리어왕」 「햄릿」

예문 4대 비극에 대한 문제가 선택형 · 단답형 · 주관식 등 다채롭게 출제됨

◉ 돈 키호테(Don Quixote)

스페인의 세르반테스(S. M. Cervantes)가 쓴 풍자적인 장편소설이다. 기사 이야기책을 탐독하던 돈 키호테가 종자 산초와 더불어 기사수업을 떠나 익살스러운 모험을 한다는 줄거리이다. 대조적인 두 주인공의 성격은 스페인적인 동시에 인류적 보편성을 지닌다. 세르반테스의 이 작품은 당시 유행하던 황당무계한 기사 이야기를 극복, 근대소설의 선구가 되었으며, 문장은 스페인의 사실적 문체의 최고로 평가된다.

▥▶ 문학작품에 나타난 인간 유형
　1. 햄릿형 : 회의적이며 우유부단한 성격의 인간형
　2. 돈키호테형 : 낙천적이며 과대망상적인 행동을 저돌적으로 하는 인간형
　3. 공처가형 : 보봐리(보봐리 부인)
　4. 폭풍노도형 : 베르테르(젊은 베르테르의 슬픔)
　5. 초인형 : 라스콜리니코프(죄와 벌)
　6. 육욕 탕아형 : 돈 주앙

 Q 중국 백화문학(白話文學)의 대표작은?

◉ 실낙원(失樂園 ; Paradise Lost)

1667년에 간행된 영국의 시인 밀턴(J. Milton)의 서사시로, 12권으로 되어 있다. 밀턴의 이 작품은 성서에서 아담과 이브의 낙원 추방의 설화를 청교도적 세계관으로 전개하면서, 천제(天帝)와 마왕과의 싸움을 묘사하고 있다.

◉ 복낙원(復樂園)

「실낙원」의 주제가 사탄의 유혹에 빠진 아담과 이브의 낙원상실이라면, 이 작품의 주제는 제2의 아담 예수가 사탄의 유혹을 이겨내 인류에게 낙원을 회복시킨다는 실낙원의 속편이다.

◉ 젊은 베르테르의 슬픔(Die Leiden des jungen Werthers 독)

독일의 대문호 괴테의 서간체 소설이다. 다분히 자전적인 작품으로, 남의 약혼녀를 사모하다가 자살하게 되는 비극적인 내용이다. 작가 자신의 절망적인 사랑의 체험이 훌륭하게 묘사되어 있으며, 작가의 슈투름 운트 드랑에 대한 정열, 인습적인 사회에 대한 반항 등이 잘 표현되어 있다.

▥▶ 이 작품이 발표되자 베르테르의 복장이 유행하고, 그런 식의 연애가 인기를 모으고, 이혼이 격증할 정도로 그 영향력이 컸다 한다.

◉ 검찰관(檢察官)

러시아의 소설가이며, 극작가인 고골리가 지은 5막의 희곡이다. 행정의 무능, 관료들의 부정, 검찰의 오직(汚職)과 만행 등을 풍자한 희곡으로 러시아의 비판적 리얼리즘의 개조(開祖)인 작가의 문학적 위치를 확고하게 한 걸작이다.

▥▶ 고골리의 다른 작품으로는 「외투」, 「죽은 혼」 등이 있다.

● 인간희극(人間喜劇 ; La Comedie humaine 프)

프랑스의 위대한 리얼리즘 작가 발자크가 20년간에 걸쳐 쓴 96편의 소설을 하나의 거대한 작품으로 묶은, 프랑스 문학사상 가장 탁월한 걸작이다. 등장인물 2천명, 이 중 460인은 계급·직업·성격·환경 등이 뚜렷한 전형적 인물들이며, 지리적으로는 프랑스 전 국토, 시기적으로는 대혁명 직후부터 2월 혁명 전까지의 풍속·정치·경제·사회 전반에 걸쳐 격변하는 한 시대를 역사보다 철저하게 총체적으로 묘사하고 있다.

▥▶ 발자크는 이 작품을 통하여 세계 문학사상 진정한 사실주의 문학을 거의 완벽하게 구현해 내었다.

● 카르멘(Carmen)

프랑스의 작가 메리메가 스페인을 무대로 하여 집시 카르멘과 돈 호세의 숙명적인 사랑과 갈등을 묘사한 작품이다.

● 악의 꽃(Les Fleurs du mal 프)

프랑스의 시인 보들레르의 걸작 시집이다. 6부로 되어 있으며, 출판된 해(1857)에 풍속문란과 독신(瀆神)의 혐의를 받고 기소되어 벌금형을 받았으며, 6편이 삭제되었다. 이 시집은 이후 상징파에게 결정적인 영향을 미쳤다.

▥▶ 이 시집은 제1부 '우수와 이상', 제2부 '파리풍경'이며, 제3부 '포도주'에서 인공낙원을, 4부 '악의 꽃'에서 악을, 5부 '반역'에서 사탄을 노래하며, 6부 '죽음'으로 끝난다.

● 레 미제라블(Les Miserables)

프랑스의 작가 위고의 장편 사회소설이다. 불우한 주인공 장 발장이 사회의 가혹한 박해 밑에 인생을 저주하다가 숭고한 사랑으로 인하여 그 영혼이 되살아나는 과정을 묘사한 서사시적 작품으로서 낭만주의 문학의 대표작이다. 대혁명 이후의 혼란한 시대를 배경으로 작가의 인도주의 사상이 잘 나타나 있다.

● 부활(復活 ; Voskresenie 러)

러시아의 작가 톨스토이가 만년에 집필한 장편소설이다. 공작 네플류도 프가 자기 때문에 타락하여 창부로 전락, 법정에 서게 된 하녀 카추샤를 갱생시키고 자신도 성서 속에서 새로운 삶을 찾게 된다는 줄거리이다. 당시 러시아 사회의 부정과 허위를 철저하게 파헤친 걸작으로 '예술적인 성서'로 일컬어진다. 「전쟁과 평화」「안나 카레리나」와 더불어 그의 3대 작품으로 유명하다.

▸ 이 작품에는 리얼리스트로서의 톨스토이의 진면목이 나타나 있다. 작품을 돋보이게 하는 그의 상세한 심리 해부를 체르니셰프스키는 '마음의 변증법'이라고 했다.

● 전쟁과 평화(Voina i Mir 러)

톨스토이의 국민적 서사시인 장편소설이다. 나폴레옹의 러시아 침입을 중심으로, 19세기 초의 러시아 사회를 그린 대작으로 등장인물이나 장면, 웅대한 규모에 있어 독보적인 작품이다. 역사를 만드는 것은 황제나 영웅 등 한 개인이 아니라 인민 전체라는 사상으로 일관된 선구적인 역사소설이다.

▸ 사실적 수법에 의해 예술적 성취를 이룬 사실주의의 최고 걸작이다.

● 죄와 벌(Prestuplenie i Nakazanie 러)

러시아의 작가 도스토예프스키가 1866년에 발표한 장편소설로, 성격묘사의 정확성, 심리분석의 심각성에서 탁월한 재능을 보이고 있다. 가난한 대학생 라스콜리니코프가 현실을 불합리하게 인식하는 데서 출발하여, 비범한 사람은 범인을 죽일 수도 있다는 신념으로 고리대금업자인 노파를 살해한다. 그 뒤 순진한 영혼을 지닌 창녀 소냐의 감화와 헌신적 사랑으로 자수, 갱생의 기쁨을 갖게 된다는 내용이다.

▸ 라스콜리니코프의 고독한 반역의 패배, 이성과 감성의 분열을 그려 신생의 길을 보이고, 소냐를 통해 그리스도교적 사랑을 보여 유럽의 합리주의를 비판하려 한다.

● 인형의 집(Et Dukkehjem 노)

노르웨이의 시인이며, 극작가인 입센(Ibsen)의 3막으로 된 사실적인 사회극으로 1879년에 초연 되었다. 세 아이의 어머니이며, 한 남자의 아내였던 노라가 어느 날 드러난 남편의 위선을 통해 자기의 삶이 남편에게 종속된 노리개나 애완물에 지나지 않았다고 깨달으며 책임 있는 한 인간으로서 살기 위해 집을 나간다는 내용이다. 노라가 집을 떠난 이후에 대해서 작가는 언급이 없다. 그러나 작가는 노라가 사회적 인간으로서 행동하는 것에 전적으로 찬성하고 있다.

▥▶ 주인공 노라는 '신여성'을 대표하는 인물이 되었고, 이 작품은 현대의 여성해방운동의 계기를 마련했다.

◼예문◼ 「인형의 집」의 내용과 그 주인공을 묻는 문제가 출제됨

● 테스(Tess)

영국의 작가 하디(T. Hardy)가 지은 장편소설로, 원명은 '더빌가의 테스', 부제는 '순결한 여성'이다. 몰락한 명문의 시골 가난한 집안에서 태어난 테스는 방탕한 알렉의 유혹에 넘어가 사생아를 낳는다. 그 뒤 목사의 아들 클레어와 결혼한다. 그러나 과거를 고백함으로써 또다시 버림받게 되고, 끝내는 알렉을 죽이고 단두대의 이슬로 사라진다는 내용이다. 이 작품에서 부제 '순결한 여성'은 매우 의미가 깊다.

▥▶ 하디 작품의 대부분은 그의 고향을 배경으로 한 '웨식스 소설'이며, 맹목적인 운명에 의하여 인간의 정의가 짓밟히는 과정을 그린 것이다.

● 기탄잘리(Gitanjali)

'기탄잘리'는 '신에게 바치는 송가(頌歌)'라는 뜻으로, 인도의 시인 타고르의 서정시집이다. 현세와 피안 두 세계, 피안의 임을 현세에서 그리워하고 기도하고 구도하는 성자의 송가로 상징적이고 종교적인 이 시집은 아름다운 리듬과 음영이 풍부한 언어구사가 탁월하다. 이 시집으로 타고르는 동양인 최초로 노벨문학상을 받았다(1913).

 ◼Q◼ 악화가 양화를 구축한다는 법칙은?

▪▪▶ 처음에는 모국어(벵골어)로 발표했으나, 시인 자신이 영역, 예이츠의 서문과 함께 영국에서 출판(1912)되어 유럽문단에 커다란 반향을 불러 일으켰다.

● 고요한 돈 강(江)

구소련의 작가 숄로호프의, 제1차 세계대전 직전부터 혁명 후 국내전쟁이 끝날 무렵까지 돈 강 유역의 카자흐 사회를 리얼리즘 수법으로 그린 대하소설이다. 혁명 속에서 백군과 적군 사이를 방황하는 카자흐 청년 메레호프를 주인공으로 하여 제1차 세계대전 전부터 전쟁 · 혁명 · 국내전에 이르는 동란의 시대를 배경으로 카자흐라는 소수민족의 운명을 그린 것이다.

▪▪▶ 작가 숄로호프는 카자흐 태생이 아니지만 돈 강 유역의 카자흐 생활을 다룬 작품이 많다.

● 설국(雪國)

일본 작가 가와바타 야스나리의 장편소설이다. 고독한 주인공 시마무라와 순결한 생명력을 가진 게이샤 고마코를 통해 눈이 하얗게 내린 일본 특유의 서정적 분위기와 인간의 육체와 심리에 대한 신비한 애수의 아름다움을 그려낸 작품이다. 이 작품으로 야스나리는 노벨문학상을 받았다(1968).

▪▪▶ 연약하고 어두운 그늘을 띤 생명력이 타오르는 아름다움을 감각적으로 그려내는 것이 야스나리 문체의 특징이다.

● 바람과 함께 사라지다(Gone with the Wind)

미국의 여류작가 미첼(M. Mitchell)이 남긴 유일한 장편소설로 집필에 무려 10년이 걸렸으며 1천 페이지에 이르는 대작이다. 미국 남북전쟁 당시의 급변하는 사회와 주인공 스칼렛을 중심으로 많은 인간상을 등장시켜 애정의 갈등을 활기 있게 묘사한 작품이다. 미첼은 이 작품으로 퓰리처상을 받았다.

▪▪▶ 발간 1년 만에 150만 부를 돌파했고, 작가가 자동차 사고로 사망(1949)한 해까지 무려 40개 언

어로 번역, 800만 부를 돌파했다 한다.

● 이방인(異邦人 ; L'Etranger 프)

프랑스의 작가 카뮈(A. Camus)의 대표적인 실존주의 소설이다. 평범한 샐러리맨 뫼르소는 바닷가에서 아라비아인을 권총으로 쏴 죽인다. 왜 죽였느냐는 재판관의 질문에 뫼르소는 '햇빛 때문' 이라고 답한다. 이 작품을 통해 작가는 '부조리의 철학' 이라고 하는 자신의 인생관을 부각시키고 있다.

▸ 카뮈는 1957년 노벨문학상을 받았으며, 새 장편소설 구상 중 자동차 사고로 사망했다.

● 25시(二十五時)

루마니아 작가 게오르규의 대표적인 장편소설이다. 빈촌에 사는 소작인 이온 모리츠가 유대인으로 고발되어 제2차 세계대전을 억울하게 겪는 것이 그 줄거리이다. 수용소 수감, 탈출, 포로로 이어지는 숨가쁜 고난 속에 전쟁이 끝나 어렵게 석방되었으나 곧 다시 관헌의 소환을 받고 감금되는데, 감금 이유는 제3차 세계대전의 발발이다. 작가는 이 작품을 통해 강대국 사이에 낀 약소민족의 고난과 운명을 묘사함으로써 서구문명에 대한 고발을 시도한다.

▸ 여기서 '25시' 는 인간이 인간으로서의 가치를 주장할 수 없게 된 유럽의 시간이다. 그것은 최후의 시간 다음에 오는 시간으로, 메시아의 강림으로도 무엇하나 해결할 수 없는 그런 시간이다.

● 고도를 기다리며(En Attendant Godot)

프랑스의 소설가이며, 극작가인 베케트의 전위적인 희곡이다. 나이도 직업도 알 수 없는 두 부랑자가 무대에 등장, 오지 않을 것을 알면서도 고도라는 사람을 기다린다. 1막도 그렇고 2막도 그러하다. 주제는 고도가 아니라 '기다리는 상황' 이며, 막연히 기다리다 죽어가는 인간의 허망성에 대한 상징이다.

▸ 누보 로망 등 1950년대 프랑스소설의 선구적 역할을 한 베케트의 전위연극 「고도를 기다리며」의

 Q 발문(跋文)·후기를 나타내는 말은?

성공은 이후 세계 연극의 흐름에 큰 변화를 일으켰다.

● 노인과 바다(The Old Man and the Sea)

미국의 작가 헤밍웨이의 소설이다. 늙은 어부 샌티아고가 84일 동안이나 고기를 못 잡다가 18척이나 되는 큰고기 말린을 만나 사흘간의 고생 끝에 가까스로 잡는다. 그러나 돌아오는 도중에 상어떼를 만나 고기는 뼈만 앙상하게 남는다. 실패는 하나 패배를 모르는 인물을 형상화해 인간의 운명과 삶을 상징적으로 보여준다.

▸ 헤밍웨이 특유의 하드 보일드 문체로 된 작품이다.

● 아메리카의 비극(An American Tragedy)

미국의 작가 드라이저의 자연주의 경향에 충실한 장편소설이다. 주인공인 평범한 청년이 살인죄를 범하고 사형 당하기까지의 과정을 그린 것으로, 주인공이 왜 살인을 해야 했던가를, 작가는 자연주의 수법으로 주인공의 상황을 상세히 묘사함으로써 읽는 이들로 하여금 저절로 깨닫게 한다. 그것은 결국 경쟁이 극심한 자본주의사회인 미국사회, 출세 지향적인 미국사회의 비극적 산물로 평가된다.

▸ 다윈의 진화론을 사회에 적용한 사회 결정론을 인생관으로 하여, 사회의 어두운 면을 자연주의 수법으로 폭로한 이 작품으로 하여 드라이저는 미국 자연주의 문학에 크게 기여했다.

종합교양상식 · 시사일반상식의 핵심
그 중의 **핵심**을 잡아라 !

상식의 바다에 무작정 빠지지 마십시오. 연암사의 시사일반상식 시리즈가 제대로 안내해드립니다.

갈수록 예측할 수 없는 경제상황과 좁아지는 취업문, 남들과 똑같이 준비해서는 안됩니다. 지금은 전세계가 네트워크화 되는 글로벌 시대이며, 시시각각 변화하는 사회적 필요에 부응하기 위해서는 일상생활과 밀접한 상식뿐만 아니라, 인터넷 · 정보통신 · 금융분야 등을 포괄하는 총체적이면서 핵심적인 지식이 필요합니다.

최고의 대학교재를 만들어 온 연암사와 오랫동안 시사상식분야를 전문적으로 출판해 온 시사정보연구원이 함께 펴낸 시사일반상식 시리즈와 함께 이제 취업 · 승진을 자신있게 준비하십시오.